국내여행안내사
기출문제
정복하기

국내여행안내사
기출문제 정복하기

| 개정2판 | 발행 | 2023년 05월 31일 |
| 개정3판 | 발행 | 2024년 07월 05일 |

편 저 자 | 자격시험연구소

발 행 처 | ㈜서원각

등록번호 | 1999-1A-107호

주　　소 | 경기도 고양시 일산서구 덕산로 88-45(가좌동)

교재주문 | 031-923-2051

팩　　스 | 031-923-3815

교재문의 | 카카오톡 플러스 친구[서원각]

홈페이지 | goseowon.com

우리나라에 관광개념이 도입된 지가 벌써 반세기가 넘었다. 과거 우리나라는 6 · 25 전쟁 등으로 관광이라는 달콤한 삶이 뿌리내리기에 너무나 척박한 환경이었다. 그러나 1988년 서울올림픽과 1989년 전국민의 해외여행 자유화 및 2002년 한일월드컵 이후, 2018년 평창동계올림픽까지 성공적으로 개최하면서 우리나라 관광산업은 새로운 역사를 써나가고 있다.

한국관광공사에 따르면 코로나 영향을 받기 시작한 2020년 이후 완전히 감소했던 해외관광객은 꾸준히 증가하여 2023년 우리나라를 방문한 해외관광객은 약 1,103만 명으로 전년보다 244% 늘어났다. 또한 국내에서도 주5일 근무제의 정착과 소득향상, 그리고 여가에 대한 관심 증대는 앞으로 관광산업의 지속적인 발전에 긍정적인 요인으로 작용할 것으로 판단된다. 이처럼 관광에 대한 국민들의 관심은 갈수록 증대되고 있는 만큼 전문적인 가이드에 대한 요구 또한 높아지고 있다.

이에 우리나라 정부도 관광산업을 장래 유망산업으로 인식하고 우수한 관광산업 종사자 배출 및 관광산업 분야에 종사하고자 하는 수험생들을 양성하고자 국내여행안내사 자격시험을 실시하고 있다. 국내여행안내사는 국내를 여행하는 관광객을 대상으로 여행일정 계획, 여행비용 산출, 숙박시설예약, 명승지나 고적지 안내 등 여행에 필요한 각종 서비스를 제공하는 전문가를 말한다. 자격증 취득 후 여행사, 관광관련업체, 호텔에 취업하거나 프리랜서로 활동할 수 있어 그 전망 또한 밝다.

본서는 국내여행안내사 자격증 취득을 위한 기출문제집으로 최근 기출문제를 분석 · 수록하여 시험경향을 파악하고 대비할 수 있도록 하였다. 아무쪼록 관광산업에 큰 관심을 갖고 있는 수험생 여러분들의 계획한 목표에 반드시 도달할 수 있기를 바란다.

Information

국내여행안내사 개요

관광진흥법에 의하여 문화체육관광부장관이 실시하는 국내여행안내사 자격시험에 합격한 후 문화체육관광부장관에게 등록한 자를 말한다.

기본정보

① **자격분류** : 국가전문자격증
② **시행기관** : 한국산업인력공단
③ **홈페이지** : www.Q-net.or.kr

자격정보

① **국내여행안내사**
   ㉠ 국내여행안내사란 산업인력공단에서 시행하는 국내여행안내사 시험에 합격하여 그 자격을 취득한 자를 말한다.
   ㉡ 국내여행안내사가 되려면 관광진흥법에 의하여 문화체육관광부장관이 실시하는 국내여행안내사 자격시험에 합격한 후 문화체육관광부장관에게 등록하여야 한다.
② **자격특징**
   ㉠ 국내여행안내사는 관광통역안내사, 호텔경영사, 호텔관리사, 호텔서비스사와 함께 관광업무에 종사하는 관광종사원으로 규정되어 있다.
   ㉡ 국내여행안내사의 자격시험에 관한 업무는 한국산업인력공단에서, 등록 및 자격증의 발급에 관한 권한은 한국관광협회에서 담당하고 있다.
   ㉢ 국내여행안내사는 국내를 여행하는 관광객을 대상으로 여행 일정 계획, 여행비용 산출, 숙박시설예약, 명승지나 고적지 안내 등 여행에 필요한 각종 서비스 제공하는 업무를 수행한다.

수행직무

국내여행안내사는 국내를 여행하는 관광객을 대상으로 여행 일정 계획, 여행비용 산출, 숙박시설예약, 명승지나 고적지 안내 등 여행에 필요한 각종 서비스를 제공한다.

진로 및 전망

① 국내여행안내사는 여행사, 호텔, 관광관련업체 등에 취업할 수 있으며, 프리랜서 여행안내사로 활동할 수 있다.
② 관광진흥법은 내국인을 대상으로 하는 여행업자에게 국내여행안내사 자격을 가진 사람이 국내여행안내에 종사하게 하도록 권고할 수 있다고 규정하고 있다.

응시자격

제한없음

※ 다만 「관광진흥법」 제38조 제5항(동법 제7조 준용)에 해당하는 결격사유가 없는 자
1. 피성년후견인 · 피한정후견인
2. 파산선고를 받고 복권되지 아니한 자
3. 관광진흥법을 위반하여 징역 이상의 실형을 선고받고 그 집행이 끝나거나 집행을 받지 아니하기로 확정된 후 2년이 지나지 아니한 자 또는 형의 집행유예 기간 중에 있는 자

시험과목 및 방법

구분	시험과목	배점비율	문항수	시험시간	시험방법
제1차 시험	1. 국사(근현대사 포함) 2. 관광자원해설 3. 관광법규 4. 관광학개론	30% 20% 20% 30%	15 10 10 15	100분	객관식 4지 선택형
제2차 시험	국가관, 사명감 등 정신자세, 전문지식과 응용능력, 예의 · 품행 및 성실성, 의사 발표의 정확성과 논리성 등				면접형

합격기준

구분	합격결정기준
1차 시험	매 과목 4할 이상이고 전 과목 점수가 배점 비율로 환산하여 6할 이상
2차 시험	총점의 6할 이상을 득점한 자

면제 대상자

① 경력에 의한 제1차 시험 면제자
　㉠ 「고등교육법」에 따른 전문대학 이상의 학교에서 관광분야를 전공(전공과목이 관광법규 및 관광학개론 또는 이에 준하는 과목으로 구성되는 전공과목을 30학점 이상 이수한 경우를 말한다)하고 졸업한 자(졸업예정자 및 관광분야 과목을 이수하여 다른 법령에서 이와 동등한 학력을 취득한 자를 포함한다)에 대하여 필기시험을 면제
　㉡ 여행안내와 관련된 업무에 2년 이상 종사한 경력이 있는 자에 대하여 필기시험을 면제
　㉢ 「초 · 중등교육법」에 다른 고등학교나 고등기술학교를 졸업한 자 또는 다른 법령에서 이와 동등한 학력이 있다고 인정되는 교육기관에서 관광분야의 학과를 이수하고 졸업한 자(졸업예정자를 포함한다)에 대하여 필기시험을 면제
② **전년도 제1차 시험 합격에 의한 면제** … 1차 시험에 합격하고 2차 시험에 불합격한 자에 대하여는 다음 회의 시험에만 1차 시험을 면제함

STRUCTURE
이 책의 특징 및 구성

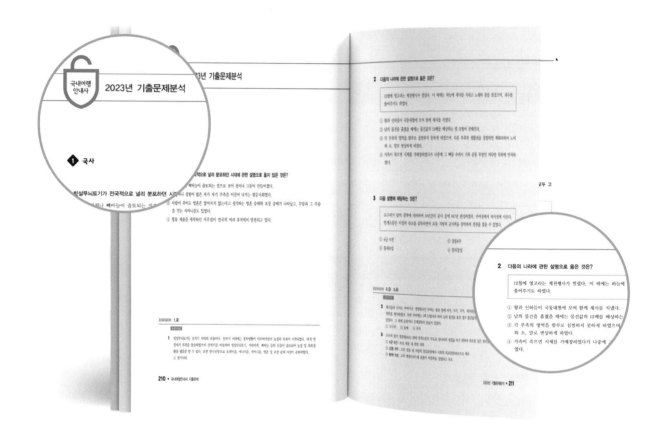

최신 기출문제분석

2014년부터 2023까지 그동안 시행된 기출문제를 수록하여 출제경향을 파악할 수 있도록 하였습니다. 기출문제를 풀어봄으로써 실전에 보다 철저하게 대비할 수 있습니다.

상세한 해설

상세한 해설을 통해 한 문제 한 문제에 대한 완전학습을 가능하도록 하였습니다. 정답을 맞힌 문제라도 꼼꼼한 해설을 통해 다시 한 번 내용을 확인할 수 있습니다. 틀린 문제를 체크하여 내가 취약한 부분을 파악할 수 있습니다.

CONTENT
이 책 의 차 례

국내여행안내사

국내여행안내사

2014년 기출문제분석

 국사

1 고인돌에 관한 설명으로 옳은 것은?

① 강화, 고창, 화순 등 특정지역에만 분포한다.

② 석재 가공기술과 경제력이 확보된 철기 시대에 조성되었다.

③ 돌널무덤과 같은 시대에 조성된 무덤이다.

④ 큰 덮개돌을 낮은 굄돌로 괸 바둑판 형태가 전형적인 모습이다.

〉〉〉〉〉〉〉〉〉 1.③

ADVICE

1 ③ 고인돌과 돌널무덤은 모두 청동기 시대에 조성된 무덤이다.

① 고인돌은 한반도에서는 함경북도의 일부 지방을 제외한 전 지역에 골고루 분포되어 있다.

② 고인돌은 청동기 시대에 성행하여 초기 철기 시대까지 존속한 거석문화(巨石文化)의 일종이다.

④ 지상에 윗돌과 받침돌이 높이 올라와 있어 마치 탁자형으로 된 형상이 전형적인 모습이다.

※ 고인돌의 형식

㉠ 지상에 윗돌과 받침돌이 높이 올라와 있어 마치 탁자형으로 된 형상

㉡ 지면에서 낮게 4~5개의 받침돌로 윗돌을 고여 마치 바둑판형으로 보이는 형상

㉢ 지면에 받침돌 없이 큰 돌만을 바로 놓은 형상

2 고분 종류와 유적 명칭의 연결이 옳지 않은 것은?

① 돌널무덤 – 장군총
② 벽돌무덤 – 무령왕릉
③ 돌무지덧널무덤 – 천마총
④ 굴식 돌방무덤 – 정혜공주묘1

3 다음 설명 중 옳지 않은 것은?

① 발해 문왕은 '인안' 연호를 사용하였다.
② 신라 진흥왕은 '건원' 연호를 사용하였다.
③ 통일 신라의 군사 조직은 9서당 10정이다.
④ 발해의 지방 행정 조직은 5경 15부 62주이다.

4 책 이름과 주요 여행국이 바르게 연결된 것은?

① 왕오천축국전 – 중국
② 서유견문 – 인도
③ 열하일기 – 베트남
④ 해동제국기 – 일본

〉〉〉〉〉〉〉〉 2.① 3.①② 4.④

ADVICE

2 ① 장군총은 계단식 돌방 돌무지무덤(기단계단식 석실적석총)으로 광개토대왕의 아들 장수왕의 무덤으로 추정된다.

3 ① '인안'은 발해 무왕이 사용한 연호이다.
   ② '건원'은 신라 법흥왕이 사용한 연호이다.

4 ① 왕오천축국전 : 신라의 승려 혜초가 고대 인도의 5천축국을 답사한 뒤 쓴 책
   ② 서유견문 : 한말 정치가이자 사상가 유길준이 유럽과 미국을 둘러보고 쓴 우리나라 최초의 서양견문록
   ③ 열하일기 : 조선후기 실학자 박지원이 1780년(정조 4)에 청나라를 다녀온 후 작성한 견문록

5 고려시대의 대장경에 관한 설명으로 옳지 않은 것은?

① 대장경은 주로 경 · 율 · 논으로 구성되어 있다.
② 의천은 두 차례의 대장경 제작을 주관하였다.
③ 초조대장경은 부인사에, 재조대장경은 해인사에 보관하였다.
④ 부처의 힘을 빌려 거란과 몽골의 침략을 물리치기 위하여 간행하였다.

6 고려시대의 석조물이 아닌 것은?

① 고달사지 승탑(부도)
② 월정사 8각 9층 석탑
③ 경천사 10층 석탑
④ 쌍봉사 철감선사 승탑(부도)

7 고려 말의 왜구에 관한 설명으로 옳지 않은 것은?

① 최무선은 화포를 이용하여 진포에서 왜구를 크게 무찔렀다.
② 왜구는 주로 쓰시마 섬 및 규슈 서북부 지역에 근거를 두었다.
③ 왜구의 침입은 해안을 중심으로 이루어져서 고려에 큰 피해를 주지 않았다.
④ 이성계는 남원 운봉지역에서 왜구를 격퇴하여 백성들의 신망을 얻었다.

〉〉〉〉〉〉〉〉 5.② 6.④ 7.③

ADVICE

5 ② 의천은 초조대장경의 내용을 보완하기 위해 교정도감을 설치하여 속장경이라 일컬어지는 불교 경전 주석서인 교장의 편찬을 주관했다.

6 ④ 화순 쌍봉사 철감선사 승탑은 국보 제57호로 통일 신라 시대의 석조물이다.

7 ③ 고려 말 왜구는 고려 전 지역을 침입의 대상으로 삼아 단기간 집중 약탈하여 고려에 큰 피해를 주었다.

8 다음 설명 중 옳은 것은?

① 동국여지승람은 군현의 연혁, 인물, 지세 등을 기록한 지리지이다.

② 동국통감은 고조선부터 조선까지의 역사를 정리한 역사서이다.

③ 정종 때에 편찬된 혼일강리역대국도지도는 세계 최초의 세계 지도이다.

④ 조선왕조실록은 세종 때부터 편찬되었다.

9 도자기에 관한 설명으로 옳지 않은 것은?

① 고려 청자는 11세기 경에 발달하였으며, 독특한 비취색을 띠었다.

② 상감청자의 기법은 나전칠기나 은입사 공예의 기법을 응용한 것이다.

③ 조선의 백자는 청자보다 깨끗하고 담백하여 선비의 취향에 잘 맞았다.

④ 백자를 대량으로 생산하기 위하여 분청사기를 만들기 시작하였다.

〉〉〉〉〉〉〉〉〉 8.① 9.④

ADVICE

8 ② 「동국통감」은 1485년(성종 16)에 서거정 등이 왕명을 받고 고대부터 고려 말까지의 역사를 편찬한 사서이다.

③ 혼일강리역대국도지도는 1402년(태종 2)에 좌정승 김사형, 우정승 이무와 이회가 만든 세계지도이다.

④ 「조선왕조실록」은 조선 태조로부터 철종에 이르기까지 25대 472년간의 역사를 연월일 순서에 따라 편년체로 기록한 책이다.

9 ④ 분청사기는 회색 또는 회흑색의 태토 위에 백토로 표면을 분장한 조선 초기의 도자기로, 그릇 표면을 백토로 씌워 백자로 이행되는 과정을 보여준다. 16세기에 들어오면 무늬보다 백토분장이 주가 되어, 차츰 태토와 표면분장이 백자화되어 분청사기는 더 이상 발전하지 못하고 소멸되었다.

10 임진왜란 시의 전투와 이를 이끈 인물의 연결이 옳지 않은 것은?

① 행주 대첩 – 권율　　　　　　　　② 충주 전투 – 신립

③ 진주 혈전 – 정문부　　　　　　　④ 한산도 대첩 – 이순신

11 17~18세기의 문화재로 옳은 것을 모두 고른 것은?

> ㉠ 부석사 무량수전
> ㉡ 화엄사 각황전
> ㉢ 법주사 팔상전
> ㉣ 안동 도산서원

① ㉠, ㉣　　　　　　　　　　　② ㉡, ㉢

③ ㉡, ㉢, ㉣　　　　　　　　　④ ㉠, ㉡, ㉢, ㉣

12 저자와 저서의 연결이 옳은 것은?

① 이종휘 – 발해고　　　　　　　② 신채호 – 조선사연구초

③ 이규경 – 청장관전서　　　　　④ 정인보 – 한국독립운동지혈사

>>>>>>>> 10.③　11.②　12.②

ADVICE

10 ③ 진주 혈전은 임진왜란의 3대 대첩 중 하나로 김시민 장군이 이끌었다. 정문부는 조선 중기의 문신이자 임진왜란 때 의병을 일으켜 뛰어난 공적을 세운 의병장이다.

11 ㉠ 무량수전은 부석사의 본전으로, 676년(신라 문무왕 16) 의상대사가 왕명을 받들어 창건하였다.
　㉡ 각황전은 본래 장륙전(丈六殿)으로 8세기 중후반 의상대사가 왕명을 받아 3층 7칸으로 건립하였으며 임진왜란 때 불타버린 것을 인조 때 다시 지어 오늘에 이르고 있다.
　㉢ 법주사는 553년(신라 진흥왕 14)에 승려 의신이 처음 지은 절로, 현재의 팔상전은 임진왜란 이후에 다시 지은 것이다.
　㉣ 안동 도산서원은 1574년(선조 7) 이황의 학덕을 추모하기 위하여 그의 문인과 유림이 세웠다.

12 ① 발해고 – 유득공
　③ 청장관전서 – 이덕무
　④ 한국독립운동지혈사 – 박은식

13 태양력 사용 및 단발령 발표와 관련된 것은?

① 광무개혁

② 갑오개혁

③ 을미개혁

④ 폐정개혁안

14 독도를 일본의 영토로 강제 병합한 시기에 발생한 사건은?

① 러·일 전쟁

② 청·일 전쟁

③ 동학 농민 운동

④ 한·일 병합 조약

15 다음 사건을 발생 시기 순으로 올바르게 나열한 것은?

㉠ 7·4 남북 공동 성명   ㉡ 남·북한 유엔 동시 가입
㉢ 북한 김일성 사망   ㉣ 6·15 남북 공동 선언

① ㉠ - ㉡ - ㉢ - ㉣

② ㉠ - ㉢ - ㉡ - ㉣

③ ㉡ - ㉠ - ㉢ - ㉣

④ ㉡ - ㉢ - ㉠ - ㉣

>>>>>>>> **13.③ 14.① 15.①**

ADVICE

13 ③ 1895년 실시된 을미개혁으로 조선의 연호를 '건양(建陽)'으로 정하고 태양력을 사용했으며, 단발령과 종두법을 실시했다.

14 대륙 침략을 노리던 일제는 1905년 러·일 전쟁 중 독도를 강제로 자국 영토로 편입시켰다.

15 ㉠ 7·4 남북 공동 성명 : 1972년

㉡ 남·북한 유엔 동시 가입 : 1991년

㉢ 북한 김일성 사망 : 1994년

㉣ 6·15 남북 공동 선언 : 2000년

2 관광자원해설

16 한국의 유네스코 유산 중 '세계문화유산'으로 등재된 것이 아닌 것은?

① 경주역사유적지구   ② 석굴암 · 불국사

③ 남한산성   ④ 해인사 대장경판 및 제경판

17 2016년도에 도립공원에서 국립공원으로 승격된 것은?

① 태백산   ② 무등산

③ 마이산   ④ 대둔산

18 동굴관광자원에 관한 설명으로 옳지 않은 것은?

① 화산동굴은 '용암굴'이라고도 하며, 화산 활동 때 용암이 흘러내리면서 형성된 동굴이다.

② 대체로 동굴 속은 여름에 16℃, 겨울에 14℃ 내외의 일정한 기온과 70~90%의 일정한 습도를 이룬다.

③ 화산동굴은 화산활동에 의하여 형성된 동굴로 용암동굴, 화도동굴 등으로 구분된다.

④ 용암동굴은 지하로 스며드는 빗물이나 지하수의 용식작용으로 생긴 다양한 형태의 동굴이다.

>>>>>>>> 16.④ 17.② 18.④

ADVICE

16 한국의 유네스코 세계문화유산은 총 13개로 석굴암과 불국사(1995), 해인사 장경판전(1995), 종묘(1995), 창덕궁(1997), 화성(1997), 경주역사유적지구(2000), 고창 · 화순 · 강화 고인돌유적(2000), 조선왕릉(2009), 한국의 역사마을 : 하회와 안동(2010), 남한산성(2014), 백제역사유적지구(2015), 산사 – 한국의 산지승원(2018), 한국의 서원(2019)이 있다.
④ 해인사 대장경판 및 제경판은 세계기록유산에 등재되어 있다.

17 ② 무등산은 1972년 도립공원으로 지정되었으며 2016년에 국립공원으로 승격되었다.

18 ④ 용암동굴은 용암 속에 포함돼 있던 탄산가스나 수증기 등 고온의 가스 압력 때문에 천장이 아치 모양을 이룬다. 지하수의 용식작용으로 생기는 동굴은 석회동굴이다.

19 한강유역에 속하지 않는 댐은?

① 대청댐   ② 춘천댐

③ 팔당댐   ④ 청평댐

20 다음 특성을 지닌 온천은?

• 물에서 달걀 썩는 냄새가 남 • 금속제품은 화학반응으로 검게 변색됨

① 산성천   ② 식염천

③ 유황천   ④ 라듐천

21 국보가 아닌 것은?

① 안동 하회탈 및 병산탈   ② 옛 보신각 동종

③ 영주 부석사 무량수전   ④ 경주 첨성대

〉〉〉〉〉〉〉〉 19.① 20.③ 21.②

ADVICE

19 ① 대청댐은 대전광역시에 있는 댐으로, 금강 본류를 가로지르는 댐이다.

20 유황천은 물 1L에 유황이 1mg 이상 함유된 온천으로 우윳빛이 감돌며 유황 특유의 달걀 썩는 냄새가 난다.

21 ② 옛 보신각 동종은 보물 제2호이다.
　① 국보 제121호
　③ 국보 제18호
　④ 국보 제31호

22 문화관광자원 중 중요민속문화재에 해당되는 것은?

① 제주칠머리당영등굿   ② 덕온공주 당의
③ 북청사자놀음   ④ 기지시줄다리기

23 전북 남원에서 개최되는 지역 민속축제는?

① 춘향제   ② 영등제
③ 백제문화제   ④ 개천예술제

24 유교 관련 관광자원이 아닌 것은?

① 소수서원   ② 전주향교
③ 원구단   ④ 새남터

25 산업관광자원이 아닌 것은?

① 금산인삼   ② 광양제철
③ 경산민속놀이   ④ 동대문시장

>>>>>>>> 22.② 23.① 24.④ 25.③

ADVICE

22 ② 덕온공주 당의는 조선 순조의 셋째 공주인 덕온이 입었던 자적색 직금당의로 중요민속문화재 제1호이다.
   ① 제주칠머리당영등굿 : 유네스코 인류무형문화유산
   ③ 북청사자놀음 : 중요무형문화재 제15호
   ④ 기지시줄다리기 : 중요무형문화재 제75호

23 ① 춘향제는 전라북도 남원시에서 춘향의 정절을 기리기 위하여 행해지는 지방문화행사이다.
   ② 영등제는 전라남도 진도에서 풍년과 풍어를 비는 제의이다.
   ③ 백제문화제는 충남 공주시, 부여군 등에서 개최된다.
   ④ 개천예술제는 경상남도 진주시에서 열리는 향토문화제이다.

24 ④ 새남터는 가톨릭 순교성지이다.

25 ③ 민속놀이는 무형문화자원으로 문화관광자원에 해당한다.

3 관광법규

26 관광기본법령상 관광진흥에 관한 시책과 동향에 대한 보고서에 관한 설명으로 옳은 것은?

① 정부가 매년 정기국회 시작 전까지 국회에 제출하여야 한다.

② 한국관광협회중앙회가 매년 정기국회 시작 전까지 국회에 제출하여야 한다.

③ 정부가 매년 12월 31일까지 국회에 제출하여야 한다.

④ 한국관광협회중앙회가 매년 12월 31일까지 국회에 제출하여야 한다.

27 국제회의산업 육성에 관한 법령상 국제회의 도시를 지정할 수 있는 자는?

① 지방자치단체장

② 한국관광협회중앙회장

③ 문화체육관광부장관

④ 한국관광공사 사장

28 관광진흥법령상 유원시설업의 시설 및 설비기준 중 종합유원시설업은 안전성검사 대상 유기시설 또는 유기기구를 몇 종류 이상 설치하여야 하는가?

① 1종   ② 3종

③ 5종   ④ 6종

〉〉〉〉〉〉〉〉 26.① 27.③ 28.④

ADVICE

26 정부는 매년 관광진흥에 관한 시책과 동향에 대한 보고서를 정기국회가 시작하기 전까지 국회에 제출하여야 한다〈「관광기본법」 제4조(연차보고)〉.

27 문화체육관광부장관은 대통령령으로 정하는 국제회의도시 지정기준에 맞는 특별시·광역시 및 시를 국제회의도시로 지정할 수 있다〈「국제회의산업 육성에 관한 법률」 제14조(국제회의도시의 지정 등) 제1항〉.

28 종합유원시설업은 유기시설이나 유기기구를 갖추어 관광객에게 이용하게 하는 업으로서 대규모의 대지 또는 실내에서 법에 따른 안전성검사 대상 유기시설 또는 유기기구 여섯 종류 이상을 설치하여 운영하는 업을 말한다〈「관광진흥법 시행령」 제2조 제1항 제5호 가목〉.

29 국제회의산업 육성에 관한 법령상 국제회의 시설 중 준회의시설에 관한 설명이다. 다음 ( )에 들어갈 내용으로 옳게 짝지어진 것은?

> 준회의시설은 국제회의 개최에 필요한 회의실로 활용할 수 있는 시설로서 (㉠)명 이상의 인원을 수용할 수 있는 대회의실과 30명 이상의 인원을 수용할 수 있는 중·소회의실이 (㉡)실 이상 있어야 한다.

① ㉠ : 100, ㉡ : 1
② ㉠ : 100, ㉡ : 2
③ ㉠ : 200, ㉡ : 1
④ ㉠ : 200, ㉡ : 3

30 관광진흥법령상 우수숙박시설로 지정된 숙박시설에 대하여 문화체육관광부장관이나 지방자치단체의 장이 할 수 있는 지원이 아닌 것은?

① 관광진흥개발기금법에 따른 관광진흥개발 기금의 대여
② 국내 또는 국외에서의 홍보
③ 관광숙박업으로의 등록 지원
④ 숙박시설의 운영 및 개선을 위하여 필요한 사항

>>>>>>>> **29.**④ **30.**③

29 준회의시설은 국제회의 개최에 필요한 회의실로 활용할 수 있는 호텔연회장·공연장·체육관 등의 시설로서 다음의 요건을 모두 갖추어야 한다〈「국제회의산업 육성에 관한 법률 시행령」 제3조(국제회의시설의 종류·규모) 제3항〉.
  ㉠ 200명 이상의 인원을 수용할 수 있는 대회의실이 있을 것
  ㉡ 30명 이상의 인원을 수용할 수 있는 중·소회의실이 3실 이상 있을 것

30 우수숙박시설로 지정된 숙박시설에 대하여 문화체육관광부장관은 대통령령으로 정하는 바에 따라, 지방자치단체의 장은 조례로 정하는 바에 따라 다음의 지원을 할 수 있다〈관광진흥법 제19조의2(우수숙박시설의 지정) 제2항〉.
  ㉠ 「관광진흥개발기금법」에 따른 관광진흥개발기금의 대여
  ㉡ 국내 또는 국외에서의 홍보
  ㉢ 그 밖에 숙박시설의 운영 및 개선을 위하여 필요한 사항
  ※ 해당 법 조항은 2018. 3. 13. 삭제되었다.

31 관광진흥법령상 여행업의 관광사업자 등록 대장에 기재되어야 할 사항이 아닌 것은?

① 등급
② 자본금
③ 관광사업자의 상호 또는 명칭
④ 대표자의 성명 · 주소 및 사업장의 소재지

32 관광진흥법령상 자연적 또는 문화적 관광자원을 갖추고 관광객을 위한 기본적인 편의시설을 설치하는 지역으로서 지정된 곳은?

① 관광특구
② 관광지
③ 관광단지
④ 주제공원

33 관광진흥법령상 호텔업의 종류가 아닌 것은?

① 한국전통호텔업
② 호스텔업
③ 크루즈업
④ 가족호텔업

>>>>>>>> 31.① 32.② 33.③

ADVICE

31 영에 따라 비치하여 관리하는 관광사업자 등록대장에는 관광사업자의 상호 또는 명칭, 대표자의 성명 · 주소 및 사업장의 소재지가 기재되어야 하며 여행업의 경우 추가로 자본금이 기재되어 있어야 한다〈「관광진흥법 시행규칙」 제4조(관광사업자 등록대장) 참조〉.

32 ② **관광지** : 자연적 또는 문화적 관광자원을 갖추고 관광객을 위한 기본적인 편의시설을 설치하는 지역으로서 이 법에 따라 지정된 곳을 말한다.
① **관광특구** : 외국인 관광객의 유치 촉진 등을 위하여 관광 활동과 관련된 관계 법령의 적용이 배제되거나 완화되고, 관광 활동과 관련된 서비스 · 안내 체계 및 홍보 등 관광 여건을 집중적으로 조성할 필요가 있는 지역으로 이 법에 따라 지정된 곳을 말한다.
③ **관광단지** : 관광객의 다양한 관광 및 휴양을 위하여 각종 관광시설을 종합적으로 개발하는 관광 거점 지역으로서 이 법에 따라 지정된 곳을 말한다.
④ **주제공원** : 생활권공원 외에 다양한 목적으로 설치하는 역사공원, 문화공원, 수변공원, 묘지공원, 체육공원, 도시농업공원 등을 말한다.

33 ③ 크루즈업은 관광유람선업으로 관광객 이용시설업에 속한다.

34 관광진흥법령상 관광개발기본계획과 권역별 관광개발계획은 몇 년 마다 수립하여야 하는가?

① 관광개발기본계획 : 5년, 권역별 관광개발계획 : 2년
② 관광개발기본계획 : 7년, 권역별 관광개발계획 : 5년
③ 관광개발기본계획 : 10년, 권역별 관광개발계획 : 5년
④ 관광개발기본계획 : 10년, 권역별 관광개발계획 : 7년

35 관광진흥법령상 관광특구 지정을 위해 해당지역이 갖추어야 하는 요건 중 서울특별시를 제외한 지역에서의 최근 1년간 외국인 관광객 수의 기준은?

① 5만 명 이상
② 10만 명 이상
③ 20만 명 이상
④ 50만 명 이상

〉〉〉〉〉〉〉〉〉 **34.**③ **35.**②

ADVICE

34 관광개발기본계획은 10년마다, 권역별 관광개발계획은 5년마다 수립한다〈「관광진흥법 시행령」 제42조(관광개발계획의 수립시기)〉.

35 관광특구의 지정을 위해서는 문화체육관광부장관이 고시하는 기준을 갖춘 통계전문기관의 통계결과 해당 지역의 최근 1년간 외국인 관광객 수가 10만 명(서울특별시는 50만 명) 이상이어야 한다.

4 관광학개론

36 여행업의 주요 업무가 아닌 것은?

① 숙박 및 교통편 수배 업무

② 여행상품 기획 및 판매 업무

③ 전자여권 발급 대행 업무

④ 고객상담 업무

37 국외여행업은 누구를 대상으로 하는가?

① 국내를 여행하는 외국인

② 국외를 여행하는 내국인

③ 국외를 여행하는 외국인

④ 국외를 여행하는 내·외국인

38 여행증명서에 관한 내용으로 옳지 않은 것은?

① 6개월 이내의 유효기간

② 출국하는 무국적자에게 발행

③ 해외입양자에게 발행

④ 여권을 분실한 국외여행자로 여권 발급을 기다릴 시간적 여유 없이 긴급히 귀국해야 할 필요가 있는 자에게 발행

>>>>>>>>> 36.③ 37.② 38.①

ADVICE

36 여행업은 여행자 또는 운송시설·숙박시설, 그 밖에 여행에 딸리는 시설의 경영자 등을 위하여 그 시설 이용 알선이나 계약 체결의 대리, 여행에 관한 안내, 그 밖의 여행 편의를 제공하는 것을 주요 업무로 한다.

37 국외여행업은 국외를 여행하는 내국인을 대상으로 하는 여행업으로 사증을 받는 절차를 대행하는 행위를 포함한다.

38 ① 잔여 유효기간이 6개월 이상이어야 한다.

39 레지덴셜 호텔(Residential Hotel)의 설명으로 옳은 것은?

① 장기체류 호텔
② 단기체류 호텔
③ 국제회의 호텔
④ 공항 호텔

40 숙박업의 사업적 특성으로 옳지 않은 것은?

① 24시간 운영
② 높은 초기투자 비율
③ 객실상품의 비저장성
④ 고정비의 비중이 작음

41 다음 중 수도권에 소재하는 국제회의시설은?

① EXCO
② KINTEX
③ BEXCO
④ ICC

〉〉〉〉〉〉〉〉 **39.**① **40.**④ **41.**②

ADVICE

39 레지덴셜 호텔(Residential Hotel) … 고급 고객을 대상으로 하여 체재 일수가 긴 트윈베드를 주체로 한 호화스러운 호텔을 말한다.

40 ④ 숙박업은 고정자산의 비중이 크고 비용 중 불변비용인 고정비의 비율이 높은 편이다.

41 ① EXCO − 대구시
② KINTEX − 고양시
③ BEXCO − 부산시
④ ICC − 제주도

42 우리나라에서 카지노업이 허가될 수 있는 곳은?

① 관광특구 내 최상등급의 호텔업 시설
② 1만톤급 이상 국내 여객선
③ 대규모 유원시설
④ 대규모 관광공연장

43 17~18세기 유럽 귀족층 자녀의 인격함양을 목적으로 하는 여행은?

① Mass Tour
② Grand Tour
③ Medical Tour
④ New Tour

〉〉〉〉〉〉〉〉 **42.**① **43.**②

ADVICE

42 카지노업의 허가요건 등〈「관광진흥법」 제21조 제1항〉 … 문화체육관광부장관은 카지노업의 허가신청을 받으면 다음의 어느 하나에 해당하는 경우에만 허가할 수 있다.

㉠ 국제공항이나 국제여객선터미널이 있는 특별시 · 광역시 · 도 · 특별자치도에 있거나 관광특구에 있는 관광숙박업 중 호텔업 시설(관광숙박업의 등급 중 최상 등급을 받은 시설만 해당하며, 시 · 도에 최상 등급의 시설이 없는 경우에는 그 다음 등급의 시설만 해당한다) 또는 대통령령으로 정하는 국제회의업 시설의 부대시설에서 카지노업을 하려는 경우로서 다음의 요건에 맞는 경우

 • 외래관광객 유치계획 및 장기수지전망 등을 포함한 사업계획서가 적정할 것
 • 규정된 사업계획의 수행에 필요한 재정능력이 있을 것
 • 현금 및 칩의 관리 등 영업거래에 관한 내부통제방안이 수립되어 있을 것
 • 그 밖에 카지노업의 건전한 운영과 관광산업의 진흥을 위하여 문화체육관광부장관이 공고하는 기준에 맞을 것

㉡ 우리나라와 외국을 왕래하는 여객선에서 카지노업을 하려는 경우로서 여객선이 2만 톤급 이상으로 문화체육관광부장관이 공고하는 총톤수 이상일 것

43 그랜드 투어(Grand Tour) … 17~18세기에 유럽, 특히 영국 상류층 자제들 사이에서 유행한 유럽여행을 말하며 유럽의 주요 도시들을 순례하며 그들의 언어와 매너를 배우며 견문을 넓혔다. 하지만 이러한 여행에서 그들이 배우고자 했던 것은 상류사회의 일원이 되기 위한 관례적인 교육인 경우가 많았다.

44 국제공항의 C.I.Q 업무에 해당하지 않는 것은?

① 관광 업무
② 출입국 수속 업무
③ 검역 업무
④ 세관 업무

45 경제적 측면에서 관광의 긍정적인 효과가 아닌 것은?

① 조세 수입 증가
② 고용 증가
③ 지역경제 진흥
④ 외화 유출 증가

46 외국인 관광객 유치를 위한 노력이 아닌 것은?

① 한국방문의 해 사업
② 관광특구 조성
③ 비자발급정책 강화
④ 국제관광 협력 증진

>>>>>>>> **44.**① **45.**④ **46.**③

ADVICE

44 C.I.Q 업무는 공항으로 출입국할 때 반드시 거쳐야 하는 3대 수속으로 세관 검사(Customs), 출입국 관리(Immigration), 검역(Quarantine)을 가리킨다.

45 ④ 외화 유출 증가는 경제적 측면에서 관광의 부정적인 효과이다.

46 ③ 외국인 관광객 유치를 위해서는 비자발급정책을 간소화해야 한다.

47 국민관광 진흥을 위한 노력이 아닌 것은?

① 복지관광 지원

② 노동시간 확대

③ 관광인력 양성

④ 국내관광 수용태세 개선

48 우리나라 국민에 대한 해외여행의 연령제한이 전면적으로 폐지된 해는?

① 1986년

② 1988년

③ 1989년

④ 2002년

>>>>>>>> **47.② 48.③**

ADVICE

47 ② 노동시간을 확대하면 관광을 위해 투자할 수 있는 시간이 줄어들게 된다.

48 정부는 국민생활의 국제화에 맞추어 1989년 1월 1일부터 해외여행 연령제한을 완전 폐지하고 여권발급 신청서류를 대폭 간소화하는 등 해외여행을 전면 자유화하였다.

49 관광상품의 소멸성적 특성을 극복하기 위한 방안으로 옳지 않은 것은?

① 서비스 가격의 차별화

② 비수기 수요 개발

③ 예약 시스템 도입

④ 고(高)가격 정책의 유지

50 전통적인 관광마케팅 믹스 4P로 올바르지 않은 것은?

① Product

② Price

③ Place

④ Package

>>>>>>>> 49.④ 50.④

ADVICE

49 ④ 관광상품은 소멸성을 지녀 재고관리가 불가능하기 때문에 엄격한 수익관리 시스템을 도입하여 가격을 책정하고 있다. 따라서 고가격 정책을 유지하는 것은 소멸성적 특성 극복에 도움이 되지 않는다.

50 전통적인 관광마케팅 믹스 4P
  ㉠ 제품(Product) : 상품차별화 전략으로서 고객의 기호를 유발하기에 충분한 특이성을 품에 실어서 경쟁사의 상품과 차별화함으로써 경쟁우위를 점유하도록 하는 전략이다.
  ㉡ 장소(Place) : 유통전략으로 생산자로부터 소비자에게 상품이나 서비스가 전달되는 과정에서 발생되는 전략이다.
  ㉢ 가격(Price) : 이윤 극대화, 목표수익률 달성, 시장점유율 확대유지를 위해 초기 고가 정책, 초기 저가정책 등을 적용하는 전략이다.
  ㉣ 판매촉진(Promotion) : 현재의 고객과 잠재고객에게 커뮤니케이션 활동을 전개하여 상품을 알리고 다른 상품과 비교하여 설득하고 소비자의 구매성향을 바꾸어 나가는 마케팅 활동으로 대인판매, 광고, 홍보 및 판매촉진 등이 있다.

 국사

1 신석기 시대와 관련이 없는 것은?

① 간석기
② 반달 돌칼
③ 빗살무늬 토기
④ 암사동 선사 유적

2 고구려 광개토 대왕에 관한 설명으로 옳은 것은?

① 율령을 반포하여 중앙 집권 국가 체제를 강화하였다.
② 낙랑군을 몰아내고 압록강 중류 지역에서 남쪽으로 진출하였다.
③ 중국 남북조와 각각 교류하면서 두 세력을 조종하는 외교 정책을 썼다.
④ 신라와 왜·가야 사이의 세력 경쟁에 개입하여 신라에 침입한 왜를 격퇴하였다.

>>>>>>>> 1.② 2.④

ADVICE

1 반달 돌칼은 청동기 시대에 곡식의 낟알을 거두어들이는 데 활용하던 도구이다.

2 ① 고구려 소수림왕 2년에 태학을 설립해서 자제들을 교육시키고, 그 다음 해에 처음으로 율령을 반포하였다.
② 고구려 미천왕은 낙랑군을 축출하고, 압록강 중류 지역에서 남쪽으로 진출할 수 있는 발판을 마련하였다.
③ 고구려 장수왕은 중국 남북조와 각각 교류하면서 대립하고 있던 두 세력을 조종하는 외교 정책을 활용했다.

3 시간 순서상 가장 마지막에 일어난 사건은?

① 광덕, 준풍 등 독자적 연호를 사용하였다.

② 노비안검법을 실시하여 호족 세력을 약화시켰다.

③ 최승로는 시무 28조를 올려 유교의 진흥을 요구하였다.

④ 정계와 계백료서를 지어 관리가 지켜야 할 규범을 제시하였다.

4 신문왕대의 사건이 아닌 것은?

① 유학 교육을 위해 국학을 설립하였다.

② 관료전을 지급하고 녹읍을 혁파하였다.

③ 김흠돌 모역 사건을 계기로 귀족 세력을 숙청하였다.

④ 당과의 무역 확대로 산동 반도에 법화원이 만들어졌다.

>>>>>>>> 3.③ 4.④

ADVICE

3 ① 광덕은 고려시대 949년 광종 즉위하면서 사용된 연호이며, 준풍은 고려시대 광종의 연호인데, 960년 광종은 중국과 대등한 입장을 보이면서 스스로 황제라 칭하여 개성을 황도로, 서경을 서도라 칭하고, 연호도 주체성을 발휘해서 준풍으로 정했다.

② 956년(광종 7년)에 실시한 것으로, 신라 말·고려 초에 전국의 대소 호족들은 각각 토지 및 노비를 갖가지 방법으로 증식시켜 경제적인 기반을 공고히 하기에 노력을 기울였다.

③ 시무 28조는 982년 최승로가 성종 대에 이루어져야 할 정치개혁을 모두 28개 조목으로 나누어 견해를 솔직하게 피력한 것이다.

④ 고려 태조 19년(936)에 후백제를 멸망시켜서 삼한 통일을 이룩한 직후에 "신하들의 예절을 밝히기 위해" 「정계(政誠)」 1권과 「계백료서(誡百寮書)」 8편을 직접 저술해서 반포하였다.

4 법화원은 나, 당, 일의 삼국을 잇는 교역의 중심지로서 흥덕왕(826~836) 때에 장보고가 신라인 집단거주지인 산동반도 적산촌에 세운 사찰이다.

5 발해와 관련이 없는 것은?

① 마진
② 인안
③ 정당성
④ 해동성국

6 고려 시대의 유물이 아닌 것은?

① 부석사 무량수전
② 월정사 팔각 9층 석탑
③ 혼일강리역대국도지도
④ 청자 상감 운학무늬 매병

ADVICE

5 ② 발해의 무왕은 '인안'이라는 독자적 연호를 사용하였다.
　 ③ 발해의 3성은 정당성(政堂省), 선조성(宣詔省), 중대성(中臺省)인데, 이 중에서 정당성은 당의 상서성에 해당하는 곳으로 발해의 모든 정령을 집행하는 최고행정기관을 의미한다.
　 ④ 해동성국은 바다 동쪽의 번성한 국가라는 의미로, 중국에서 바라보았을 때, 발해가 바다 동쪽에 있어 붙여진 이름이다.

6 혼일강리역대국도지도는 1402년(태종 2)에 좌정승 김사형(金士衡), 우정승 이무(李茂)와 이회(李薈)가 만든 세계지도를 말하는데, 이 지도는 조선시대의 학자들에 의해 제작되어진 유일한 세계지도로서 조선전기 세계지리학의 지식을 결집한 것이다.

7 고려 시대에 천태종을 창시하고 교관겸수를 제창하여 교단 통합 운동을 펼쳤던 승려는?

① 의천

② 일연

③ 균여

④ 지눌

8 1920년대 비타협적 민족주의 인사들과 사회주의자들이 민족협동전선으로 조직한 단체는?

① 신민회

② 신간회

③ 보안회

④ 한인 애국단

9 조선 태조대 정도전이 편찬한 법전은?

① 경제육전

② 경국대전

③ 대전통편

④ 조선경국전

>>>>>>>>> 7.① 8.② 9.④

ADVICE

7 교관겸수를 주장한 고려시대 대각국사 의천의 주장으로 인해, 불교에서 교리체계인 교(敎)와 실천수행법인 지관(止觀)을 함께 닦아야 한다는 사상을 말하며, 다른 말로 교관병수(敎觀並修)라고도 한다.

8 1920년대~30년대의 민족해방운동은 민족주의 운동 및 사회주의 운동의 두 가지 흐름으로 파악되었다. 하지만 이러한 두 가지 흐름은 민족운동의 이념 및 방법, 주도세력 등에 의해 여러 갈래로 나뉘어져 있었다. 이런 상황을 극복하고 민족주의 좌파 및 사회주의자들의 민족협동전선으로 창립된 것이 신간회이다.

9 조선경국전은 조선왕조의 개국과 더불어서 초기의 개혁정책을 주도한 인물인 정도전이 조준과 함께 이 책을 찬술해서 왕에게 바쳤다. 하지만 공식적인 법전으로는 채택되지는 못했고, 3년 후에 조준이 책임자로 편찬한 「경제육전」이 공식법전이 되었다. 또한, 「조선경국전」은 「경제육전」을 거쳐서 훗날 「경국대전」이 성립되는 모체가 되었다.

10 다음 보기에서 설명하는 조직은?

> 불교와 민간 신앙 등의 신앙적 기반과 동계 조직 같은 공동체 조직의 성격을 모두 띠었다. 주로 상을 당하였을 때에나 어려운 생겼을 때에 서로 돕는 역할을 하였다.

① 향약
② 향청
③ 향도
④ 유향소

11 조선 영조대 균역법 시행으로 감소된 재정의 보충방법이 아닌 것은?

① 이이 등은 수미법을 주장하였다.
② 어장세, 선박세 등 잡세 수입으로 보충하게 하였다.
③ 지주에게 결작이라고 하여 토지 1결당 미곡 2두를 부담시켰다.
④ 일부 상류층에게 선무군관이라는 칭호를 주고 군포 1필을 납부하게 하였다.

>>>>>>>> 10.③ 11.①

ADVICE

10 향도(香徒)는 고려시대 향촌의 대표적인 신앙 조직이자 동시에 농민 공동체 조직을 의미한다. 이러한 향도는 고려시대 매향(埋香) 활동을 하는 불교의 무리들로부터 그 기원을 두고 있다. 향도는 불상, 석탑, 사찰을 지을 때 마을에 많은 노동력이 들기 때문에 이를 지원하는 신앙 조직의 역할을 담당하였다. 그러나 고려 후기에 이르러서 향도가 지니고 있는 불교적인 신앙 색채가 약화되었다. 그때부터는 마을의 노역, 혼례 및 상장례, 마을의 수호신 제사 등을 주관하는 공동체 조직으로 변모해 상호 부조적인 역할을 수행하였다.

11 수미법은 공납을 미곡으로 바치자는 세제의 한 방법을 의미하는 것으로, 16세기에 이이와 유성룡은 방납의 폐단을 시정하기 위해서 공납을 쌀로 납부하는 수미법을 주장하였지만 실제 정책으로는 실시되지 않았다.

12 다음 사건을 발생한 순서대로 바르게 나열한 것은?

⊙ 5 · 10 총선거 실시	ⓒ 김구의 남북 협상 제의
ⓒ 모스크바 3국 외상 회의 개최	ⓔ 제1차 미 · 소 공동 위원회 개최

① ⓒ – ⓔ – ⊙ – ⓒ
② ⓒ – ⓔ – ⓒ – ⊙
③ ⓔ – ⓒ – ⊙ – ⓒ
④ ⓔ – ⓒ – ⓒ – ⊙

13 1882년 체결한 조미수호통상조약의 내용이 아닌 것은?

① 관세권 인정
② 치외 법권 허용
③ 최혜국 대우 허용
④ 부산 등 3개 항구 개항

>>>>>>>> **12.②　13.④**

ADVICE

12 ⊙ 5 · 10 총선거 실시 : 1948년 5월 10일 실시되어진 제헌국회 구성을 위한 남한 전체에서만 치러진 국회의원 총선거이다.
　ⓒ 김구의 남북 협상 제의 : 1948년 2월 4일 남한의 단독정부 수립이 한반도의 영구적인 분단을 초래할 것이라고 우려해 남북한의 정치 지도자가 모여서 통일정부의 수립방안을 협의할 것을 북한당국에 제의하였다.
　ⓒ 모스크바 3국 외상 회의 개최 : 1945년 12월 한국에 임시 민주 정부를 수립하고 미 · 영 · 중 · 소에 의한 최고 5년간의 한반도에 대한 신탁통치 등을 결정하였다.
　ⓔ 제1차 미 · 소 공동 위원회 개최 : 제1차 미소공동위원회는 1946년 3월 20일 서울에서 개최되었다.

13 ④ 조일수호조규(강화도 조약)에 대한 내용이다.

14 대한민국 임시정부의 기관지는?

① 만세보
② 독립 신문
③ 황성 신문
④ 대한매일신보

15 다음에서 설명한 책은?

> 세종대 편찬한 책으로 우리나라 풍토에 맞는 씨앗의 저장법, 토질의 개량법, 모내기법 등 농민의 실제 경험을 종합하여 편찬하였다.

① 산림경제
② 농사직설
③ 농가집성
④ 임원경제지

>>>>>>>> 14.② 15.②

ADVICE

14 대한민국 임시정부는 기관지로 독립신문을 발행하였으며, 대한민국의 자주성과 우월한 민족 문화를 인식시켜 독립에 대한 의식을 고취시키는데 힘썼다.

15 「농사직설」은 조선 세종 때의 문신인 정초(鄭招), 변효문(卞孝文) 등이 왕명에 의하여 편찬한 농서를 의미한다. 또한, 우리나라의 풍토에 맞는 농법으로 편찬된 책으로는 효시가 되고 있다. 「농사직설」은 지역에 따라 적절한 농법을 수록해서 공식적이며 우리의 실정과 거리가 있는 중국 농사법으로부터 탈피하는 좋은 계기를 만들었다.

② 관광자원해설

16 전라남도에 소재한 섬이 아닌 것은?

① 오동도
② 보길도
③ 마라도
④ 돌산도

17 댐과 강유역명의 연결이 옳지 않은 것은?

① 나주댐 – 섬진강 유역
② 춘천댐 – 한강 유역
③ 합천댐 – 낙동강 유역
④ 대청댐 – 금강 유역

18 불국사의 다보탑에 관한 설명으로 옳은 것은?

① 국보 제20호이다.
② 무영탑이라고 불려진다.
③ 불국사에 있는 삼층석탑이다.
④ 우리나라에서 가장 오래된 석탑이다.

〉〉〉〉〉〉〉〉 16.③　17.①　18.①

ADVICE

16 마라도는 제주특별자치도 서귀포시 대정읍 가파리에 속하는 섬이다. 또한 마라도는 우리나라 최남단의 섬으로 대정읍 모
슬포 항에서 남쪽으로 11km, 가파도에서 5.5km 해상에 위치해 있다.

17 나주댐은 영산강 유역의 농업종합개발 1단계 사업의 일환으로써, 1973년 4월부터 1976년 9월 사이에 농업진흥공사가 건
설하였다.

18 ② 무영탑은 석가탑의 다른 이름이다.
③ 불국사 삼층석탑은 불국사 대웅전 앞뜰에 동서로 마주 서있는 석탑 가운데 서탑으로 국보 제21호로 지정되어 있다.
석가탑(釋迦塔) 또는 무영탑(無影塔)이라고도 하는데, 석가탑은 동탑인 다보탑 (多寶塔)에 대칭되는 호칭이다.
④ 동양 최대의 규모이면서 동시에 우리나라에서 가장 오래된 석탑은 익산 미륵사지 석탑이다.

19 백제 무왕 33년에 창건한 백양사가 위치한 국립공원은?

① 가야산   ② 내장산

③ 오대산   ④ 월악산

20 강원도에 위치한 스키장이 아닌 것은?

① 용평리조트   ② 알펜시아리조트

③ 무주리조트   ④ 휘닉스파크

21 재래시장과 그 소재 지역 연결이 옳지 않은 것은?

① 울산 – 죽도시장   ② 부산 – 자갈치시장

③ 서울 – 남대문시장   ④ 성남 – 모란시장

>>>>>>>> 19.②   20.③   21.①

ADVICE

19 내장산(內藏山)은 백제의 무왕 33년에 창건한 백양사가 위치한 국립공원으로 영은산(靈隱山)이라고도 한다. 내장산은 백제의 무왕 37년(636년)에 영은조사가 세운 내장사와 임진왜란 때 승병들이 쌓았다는 동구리 골짜기의 내장산성이 있으며, 금선폭포, 용수폭포, 신선문, 기름바위 등의 명소가 있다. 등산로는 능선 일주 코스와 백양사까지의 도보 코스가 주로 활용된다. 1971년 서쪽의 입암산(笠巖山 : 654m)과 남쪽 백양사 지구를 합한 총면적 75.8㎢를 국립공원으로 지정하여 보호, 관리하고 있다.

20 무주리조트는 전라북도 무주군 설천면 심곡리에 있는 휴양단지로써, 1990년 덕유산 국립공원 무주구천동 안에 개장한 종합휴양지로 스키장 등 동계스포츠 시설을 위주로 한 대단위 레저 · 오락 시설 단지를 말한다.

21 죽도시장(竹島市場)은 경상북도 포항시 북구 죽도동에 있는 재래시장을 의미하며, 부지면적은 약 14만 8,760㎡, 점포수가 대략 1,200개에 달하는 포항 최대 규모의 재래시장이다. 1950년대에 갈대밭이 무성한 포항 내항의 늪지대에 노점상들이 모여들면서 자연적으로 형성되었고, 1969년 10월 죽도시장번영회가 정식으로 설립되었고, 1971년 11월 포항죽도시장의 개설허가가 이루어졌다.

22 2015년 개관한 '이우환공간'이 있는 미술관은?

① 인천광역시립미술관

② 대전시립미술관

③ 서울시립미술관

④ 부산시립미술관

23 2015년에 등재된 세계기록유산을 모두 고른 것은?

㉠ 한국의 유교책판

㉡ 새마을운동기록부

㉢ 5 · 18민주화운동기록물

㉣ KBS특별생방송 '이산가족을 찾습니다.' 기록물

---

① ㉠㉡

② ㉠㉣

③ ㉡㉢

④ ㉢㉣

〉〉〉〉〉〉〉〉 22.④ 23.②

ADVICE

22 ④ 부산시립미술관의 앞뜰에는 직육면체로 생긴 건물이 있는데, 이는 2015년 4월 10일에 부산시립미술관의 별관으로 세워진 "이우환 공간"이다. 이 건물의 경우에는 이우환의 작품을 전시 중에 있으며, 일본 나오시마 "이우환 미술관(2010년 개관)"에 이어 세계에서 두 번째로 세워진 이우환 미술관이다.

23 2015년 등재된 세계기록유산

㉠ 한국의 유교책판

• 등재연도 : 2015년

• 소장 및 관리기관 : 경상북도 안동시 한국국학진흥원

㉣ KBS 특별생방송 '이산가족을 찾습니다' 기록물

• 등재연도 : 2015년

• 소장 및 관리기관 : 한국방송공사(KBS), 국가기록원, 한국갤럽조사연구소

24 음악영화를 주제로 하는 영화제가 매년 8월에 개최되는 도시는?

① 부산

② 부천

③ 전주

④ 제천

25 프리츠머상을 수상했던 일본인 나도 타다오(Ando Tadao)의 국내 건축물 중 제주도에 소재하지 않는 것은?

① 글라스하우스

② 본태박물관

③ 지니어스 로사이

④ 뮤지엄 산

>>>>>>>> **24.④ 25.④**

ADVICE

24 제천국제음악영화제(堤川國祭音樂映畫祭, Jecheon International Music & Film Festival, JIMFF)는 매년 8월 대한민국 충청북도 제천시에서 열리는 음악 영화제이다. 이는 2005년부터 매년 8월 충청북도 제천시에서 개최되어 왔다. 여기에서는 음악에 대한 영화, 음악이 좋은 영화를 기준으로 매년 80여 편의 초청작이 상영되어진다. 영화제는 크게 영화 프로그램, 음악 프로그램, 특별 프로그램 등으로 구성되어져 있고, 제천 시내 TTC 복합 상영관, 제천문화회관, 청풍호반무대, 제천 문화의 거리 등지에서 영화 상영 및 공연 등이 동시에 진행되어진다.

25 뮤지엄 산(MUSEUM SAN)은 우리나라 강원도 원주시 오크밸리 리조트내에 있는 미술관이다. 2013년 5월 16일 한솔 뮤지엄으로 개관하였고, 2014년 3월 현재의 명칭으로 변경하였다. 대지 면적 7만 1천1백72㎡, 전시 공간 5천4백45㎡, 관람 동선만 2km 이상이 되는 국내 최대의 미술관이다. 콘크리트를 활용하면서도 자연을 잘 활용해서 어울림의 미학을 추구하는 세계적인 건축가 안도 타다오가 8년간 건축에 관여하였다.

③ 관광법규

26 관광기본법상 관광객이 이용할 숙박·교통·휴식시설 등의 개선 및 확충을 위하여 필요한 시책을 강구하여야 하는 주체는?

① 관광협회중앙회   ② 정부

③ 지방지차단체   ④ 한국관광공사

27 관광진흥법령상 외국인 의료관광 전문인력을 양성하는 전문교육기관 중에서 우수전문교육기관을 선정하여 지원할 수 있는 주체는?

① 보건복지부장관   ② 관광공사사장

③ 문화체육관광부장관   ④ 한국관광협회중앙회장

28 관광진흥법령상 국내를 여행하는 내국인을 대상으로 하는 여행업은?

① 해외여행업   ② 국내여행업

③ 국외여행업   ④ 일반여행업

>>>>>>>> 26.② 27.③ 28.②

ADVICE

26 「관광기본법」 제8조(관광 여건의 조성) … 정부는 관광 여건 조성을 위하여 관광객이 이용할 숙박·교통·휴식시설 등의 개선 및 확충, 휴일·휴가에 대한 제도 개선 등에 필요한 시책을 마련하여야 한다.

27 「관광진흥법 시행령」 제8조의3(외국인 의료관광 지원)
  ㉠ 문화체육관광부장관은 외국인 의료관광을 지원하기 위하여 외국인 의료관광 전문 인력을 양성하는 전문교육기관 중에서 우수 전문교육기관이나 우수 교육과정을 선정하여 지원할 수 있다.
  ㉡ 문화체육관광부장관은 외국인 의료관광 안내에 대한 편의를 제공하기 위하여 국내외에 외국인 의료관광 유치 안내센터를 설치·운영할 수 있다.
  ㉢ 문화체육관광부장관은 의료관광의 활성화를 위하여 지방자치단체의 장이나 외국인환자 유치 의료기관 또는 유치업자와 공동으로 해외마케팅사업을 추진할 수 있다.

28 ③ 국내외여행업
  ④ 종합여행업

29 관광진흥법상 아래 설명에 해당하는 것은?

> 외국인 관광객의 유치 촉진 등을 위하여 관광 활동과 관련된 관계 법령의 적용이 배제되거나 완화되고, 관광 활동과 관련된 관광 여건을 집중적으로 조성할 필요가 있는 지역으로 관광진흥법에 따라 지정된 것

① 관광지   ② 관광단지
③ 관광특구   ④ 지원시설

>>>>>>>> **29.③**

ADVICE

29 관광특구는 외국인 관광객의 유치 촉진 등을 위하여 관광 활동과 관련된 관계 법령의 적용이 배제되거나 완화되고, 관광 활동과 관련된 서비스·안내 체계 및 홍보 등 관광 여건을 집중적으로 조성할 필요가 있는 지역으로 이 법에 따라 지정된 곳을 말한다.

※ 「관광진흥법」 제2조(정의)
  ㉠ **관광사업** : 관광객을 위하여 운송·숙박·음식·운동·오락·휴양 또는 용역을 제공하거나 그 밖에 관광에 딸린 시설을 갖추어 이를 이용하게 하는 업(業)을 말한다.
  ㉡ **관광사업자** : 관광 사업을 경영하기 위하여 등록·허가 또는 지정을 받거나 신고를 한 자를 말한다.
  ㉢ **기획여행** : 여행업을 경영하는 자가 국외여행을 하려는 여행자를 위하여 여행의 목적지·일정, 여행자가 제공받을 운송 또는 숙박 등의 서비스 내용과 그 요금 등에 관한 사항을 미리 정하고 이에 참가하는 여행자를 모집하여 실시하는 여행을 말한다.
  ㉣ **회원** : 관광사업의 시설을 일반 이용자보다 우선적으로 이용하거나 유리한 조건으로 이용하기로 해당 관광사업자와 약정한 자를 말한다.
  ㉤ **소유자등** : 단독 소유나 공유(共有)의 형식으로 관광사업의 일부 시설을 관광사업자로부터 분양받은 자를 말한다.
  ㉥ **관광지** : 자연적 또는 문화적 관광자원을 갖추고 관광객을 위한 기본적인 편의시설을 설치하는 지역으로서 이 법에 따라 지정된 곳을 말한다.
  ㉦ **관광단지** : 관광객의 다양한 관광 및 휴양을 위하여 각종 관광시설을 종합적으로 개발하는 관광 거점 지역으로서 이 법에 따라 지정된 곳을 말한다.
  ㉧ **민간개발자** : 관광단지를 개발하려는 개인이나 「상법」 또는 「민법」에 따라 설립된 법인을 말한다.
  ㉨ **조성계획** : 관광지나 관광단지의 보호 및 이용을 증진하기 위하여 필요한 관광시설의 조성과 관리에 관한 계획을 말한다.
  ㉩ **지원시설** : 관광지나 관광단지의 관리·운영 및 기능 활성화에 필요한 관광지 및 관광단지 안팎의 시설을 말한다.
  ㉪ **관광특구** : 외국인 관광객의 유치 촉진 등을 위하여 관광 활동과 관련된 관계 법령의 적용이 배제되거나 완화되고, 관광 활동과 관련된 서비스·안내 체계 및 홍보 등 관광 여건을 집중적으로 조성할 필요가 있는 지역으로 이 법에 따라 지정된 곳을 말한다.
  ㉫ **여행이용권** : 관광취약계층이 관광활동을 영위할 수 있도록 금액이나 수량이 기재된 증표
  ㉬ **문화관광해설사** : 관광객의 이해와 감상, 체험 기회를 제고하기 위하여 역사·문화·예술·자연 등 관광자원 전반에 대한 전문적인 해설을 제공하는 자

30 관광진흥법령상 관광사업자가 본래의 용도로 계속하여 사용하는 것을 조건으로 타인에게 처분할 수 있는 관광사업의 시설이나 기구는?

① 관광숙박업의 부대시설인 식당
② 카지노업의 허가를 받는 데 필요한 시설과 기구
③ 안전성 검사를 받아야 하는 유기시설 및 유기기구
④ 전문휴양업의 개별기준에 포함된 시설

31 관광진흥법상 카지노사업자가 할 수 있는 행위는?

① 19세 미만인 자를 입장시키는 행위
② 선량한 풍속을 해칠 우려가 있는 광고나 선전을 하는 행위
③ 정당한 사유로 그 연도 안에 60일 미만으로 휴업하는 행위
④ 허가받은 전용영업장 외에서 영업을 하는 행위

〉〉〉〉〉〉〉〉 30.① 31.③

![ADVICE]

30 관광시설의 타인 경영 및 처분과 위탁 경영(「관광진흥법」 제11조 제1항) … 관광사업자는 관광사업의 시설 중 다음 각 호의 시설 및 기구 외의 부대시설을 타인에게 경영하도록 하거나, 그 용도로 계속하여 사용하는 것을 조건으로 타인에게 처분할 수 있다.
  ㉠ 관광숙박업의 등록에 필요한 객실
  ㉡ 관광객 이용시설업의 등록에 필요한 시설 중 문화체육관광부령으로 정하는 시설(전문휴양업의 개별기준에 포함된 시설〈규칙 제20조〉)
  ㉢ 카지노업의 허가를 받는 데 필요한 시설과 기구
  ㉣ 안전성검사를 받아야 하는 유기시설 및 유기기구

31 카지노사업자 등의 준수 사항(「관광진흥법」 제28조 제1항)
  ㉠ 법령에 위반되는 카지노기구를 설치하거나 사용하는 행위
  ㉡ 법령을 위반하여 카지노기구 또는 시설을 변조하거나 변조된 카지노기구 또는 시설을 사용하는 행위
  ㉢ 허가받은 전용영업장 외에서 영업을 하는 행위
  ㉣ 내국인(「해외이주법」 제2조에 따른 해외이주자는 제외한다)을 입장하게 하는 행위
  ㉤ 지나친 사행심을 유발하는 등 선량한 풍속을 해칠 우려가 있는 광고나 선전을 하는 행위
  ㉥ 영업 종류에 해당하지 아니하는 영업을 하거나 영업 방법 및 배당금 등에 관한 신고를 하지 아니하고 영업하는 행위
  ㉦ 총매출액을 누락시켜 제30조 제1항에 따른 관광진흥개발기금 납부금액을 감소시키는 행위
  ㉧ 19세 미만인 자를 입장시키는 행위
  ㉨ 정당한 사유 없이 그 연도 안에 60일 이상 휴업하는 행위

32 국제회의산업 육성에 관한 법률상 국제회의도시로 지정될 수 없는 도시는?

① 광역시

② 특별시

③ 시

④ 자치구

33 국제회의산업 육성에 관한 법률상 문화체육관광부장관이 국외 여행자의 출국납부금 총액에서 국제회의 산업의 육성재원으로 지원할 수 있는 금액의 범위는?

① 100분의 10에 해당하는 금액

② 100분의 20에 해당하는 금액

③ 100분의 30에 해당하는 금액

④ 100분의 40에 해당하는 금액

〉〉〉〉〉〉〉〉 32.④ 33.①

ADVICE

32 국제회의도시의 지정 등(「국제회의산업 육성에 관한 법률」 제14조) … 문화체육관광부장관은 대통령령으로 정하는 국제회의 도시 지정기준에 맞는 특별시, 광역시 및 시를 국제회의도시로 지정할 수 있다.

33 재정 지원(「국제회의산업 육성에 관한 법률」 제16조 제1항) … 문화체육관광부장관은 이 법의 목적을 달성하기 위하여 국 외 여행자의 출국납부금 총액의 100분의 10에 해당하는 금액의 범위에서 국제회의산업의 육성재원을 지원할 수 있다.

34 국제회의산업 육성에 관한 법률상 문화체육부장관이 국제회의 정보의 공급·활용 및 유통을 촉진하기 위하여 사업시행기관의 추진 사업 중 지원할 수 있는 사업이 아닌 것은?

① 국제회의 정보 및 통계의 수집·분석
② 국제회의 정보의 가공 및 유통
③ 국제회의 정보망의 구축 및 운영
④ 국제회의 사업시행기관의 인사정보 제공

35 관광진흥법상 관광지 지정의 효력이 상실되는 요건의 기준은?

① 고시일부터 2년 이내에 조성계획의 승인 신청이 없을 때
② 고시일부터 3년 이내에 조성계획의 승인 신청이 없을 때
③ 고시일부터 4년 이내에 조성계획의 승인 신청이 없을 때
④ 고시일부터 5년 이내에 조성계획의 승인 신청이 없을 때

〉〉〉〉〉〉〉〉 34.④ 35.①

ADVICE

34 국제회의산업 육성기반의 조성(「국제회의산업 육성에 관한 법률」 제8조 제1항)
  ㉠ 국제회의시설의 건립
  ㉡ 국제회의 전문인력의 양성
  ㉢ 국제회의산업 육성기반의 조성을 위한 국제협력
  ㉣ 인터넷 등 정보통신망을 통하여 수행하는 전자국제회의 기반의 구축
  ㉤ 국제회의산업에 관한 정보와 통계의 수집·분석 및 유통
  ㉥ 국제회의 기업 육성 및 서비스 연구 개발
  ㉦ 그 밖에 국제회의산업 육성기반의 조성을 위하여 필요하다고 인정되는 사업으로서 대통령령으로 정하는 사업

35 관광지등 지정 등의 실효 및 취소 등(「관광진흥법」 제56조 제1항) … 관광지등으로 지정·고시된 관광지등에 대하여 그 고시 일부터 2년 이내에 조성계획의 승인신청이 없으면 그 고시 일부터 2년이 지난 다음 날에 그 관광지등 지정은 효력을 상실한다.

36 여행 형태에 관한 설명으로 옳지 않은 것은?

① Package Tour – 주최여행의 전형적인 형태로서 여행일정 및 경비 등을 미리 정해 놓고 여행자를 모집하는 여행

② Series Tour – 동일한 유형, 목적, 기간, 코스로서 정기적으로 실시되는 여행

③ Interline Tour – 여행사가 가맹 Agent를 초대하여 지역의 산업시설을 방문하고 둘러보는 여행

④ Familizaton Tour – 관광기관, 항공회사 등이 여행업자 등을 초청해서 관광지를 시찰시키는 여행

37 여행사의 수배업무가 아닌 것은?

① 숙박시설 예약업무

② 교통기관 수배업무

③ 쇼핑센터 예약업무

④ 여행일정 작성업무

〉〉〉〉〉〉〉〉 **36.③ 37.④**

ADVICE

36 Interline Tour는 여행사가 가맹대리점을 초대하여 실시하는 여행은 맞으나, 지역 산업시설을 방문하고 둘러보는 여행은 국제회의여행이다.

37 여행사 수배업무
  ㉠ 숙박시설 예약업무
  ㉡ 교통기관 수배업무
  ㉢ 쇼핑센터 예약업무
  ㉣ 여행상품 개발 및 소개
  ㉤ 공항 Meeting과 Sending Service 업무

38 여행업의 주요 기능이 아닌 것은?

① 수속대행 기능

② 발권 기능

③ 예약 및 수배 기능

④ 편의시설 제공 기능

39 우리나라 최초의 근대호텔로서 독일인에 의해 서울에 설립된 호텔은?

① 대불호텔   ② 스튜어드호텔

③ 손탁호텔   ④ 반도호텔

〉〉〉〉〉〉〉〉 38.④   39.③

ADVICE

38 여행업의 기능
ㄱ 여행업 주요기능
- 수송대행의 기능
- 발권의 기능
- 예약 및 수배의 기능

ㄴ 여행업자의 측면
- 여행정보의 제공 및 상담의 기능
- 예약 및 수배의 기능
- 판매의 기능
- 수속대행의 기능
- 발권의 기능
- 여정관리의 기능
- 정산관리의 기능

ㄷ 소비자의 측면
- 편리성
- 종합서비스화
- 제안력
- 염가성
- 정보의 제공

ㄹ 매개체의 측면
- 관광주체(관광객)의 대리인 기능
- 관광객체(관광대상 (자원))의 대리인 기능
- 관광매체(관광사업)의 대리인 기능

39 손탁호텔(Sontag Hotel)은 1902년 독일의 여성 손탁이 지금의 서울특별시 중구 정동에 세운 서양식 호텔이다.

40 숙박기간에 따른 호텔의 분류가 아닌 것은?

① 트랜지언트 호텔(Transient Hotel)

② 서버반 호텔(Suburban Hotel)

③ 레지던셜 호텔(Residential Hotel)

④ 퍼머넌토 호텔(Permanent Hotel)

41 국제회의 형태 중에서 대면 토의로 진행되며 주로 교육목적을 띤 비형식적인 모임으로 보통 30명 이하의 참가자가 전문가 1인의 주도하에 특정 분야에 대해 토론하는 회의의 형식은?

① 세미나(Seminar)   ② 컨퍼런스(Conference)

③ 패널토의(Panel Discussion)   ④ 심포지엄(Symposium)

>>>>>>>> **40.**② **41.**①

ADVICE

40 숙박기간에 따른 호텔의 구분

　㉠ 트랜지언트 호텔(Transient Hotel)
- 단기간 체재용의 호텔을 말한다.
- 고객은 1박 또는 그 이하의 시간단위 활용이 가능한 숙박시설로써 체재기간에 관해 계약서에 사인을 할 필요는 없다.
- 통상적으로 유럽의 공항에 많이 운영이 되고 있는 호텔이다.
- 더불어서 트랜지언트 호텔은 교통이 편리한 곳에 위치해 있으며, 음식가격도 비교적 저렴해 숙박객들 이외의 외래객들을 위한 커피숍이나 또는 부대시설을 갖추고 있는 것이 특징인 호텔이다.

　㉡ 레지던셜 호텔(Residential Hotel)
- 주택 형태의 호텔로써 거주호텔, 정주호텔을 의미한다.
- 주로 생활하기 편리한 시내의 중심지에 자리를 잡고 있으며, 요금은 저렴하고, 지불은 1주일 단위가 보통이다.
- 방의 청소서비스는 매일 하지만, 시트 교환은 1주일에 1회 정도, 주거 형태의 호텔이므로 레스토랑이나 바는 없다.
- 대부분 고령자가 많이 거주하고 있다.
- 장기적으로 출장 가는 사업자들이 많이 활용한다.

　㉢ 퍼머넌트 호텔(Permanent Hotel)
- 퍼머넌트 호텔은 레지던셜 호텔과 같은 분류에 속한다.
- 아파트식의 장기 체재객을 전문으로 하는 호텔이다.
- 서비스 시설이 있는 것이 특징이다.

41 세미나(Seminar)는 고등 교육기관에서 교수 및 전문가 등의 지도하에 학생들이 공동으로 토론 및 연구하는 교육 방법을 의미한다. 학회 등에서 지명된 몇몇 회원의 연구 발표를 기반으로 전체 회원이 토론하는 연구 활동을 지칭하기도 한다. 이는 주로 교육 목적을 띤 회의로 연구회, 집중 강의, 전문가 회의의 성격을 가지고 있다.

42 카지노 게임의 왕이라 불리며, 뱅커와 플레이어의 어느 한쪽을 택하여 9 이하의 높은 점수로 승부하는 하는 게임은?

① 블랙잭   ② 룰렛
③ 바카라   ④ 포커

43 관광의 구성요소 중 관광의 매체에 해당되지 않는 것은?

① 관광교통   ② 숙박시설
③ 관광객   ④ 여행사

〉〉〉〉〉〉〉〉 **42.**③ **43.**③

ADVICE

42 바카라(Baccarat)는 카지노 게임의 왕이라고 불리며, Banker와 Player의 어느 한쪽을 택해서 9 이하의 높은 점수로 승부하는 카드 게임을 말한다(경우에 따라서 손님과 손님, 손님과 딜러가 승부한다).

※ **카드 게임**
　㉠ **블랙잭**(Blackjack) : 딜러 및 Player가 함께 카드의 숫자를 겨루는 것을 말하는 것으로 이 게임의 목적은 2장 이상의 카드를 꺼내 그 합계를 21점에 가깝도록 만들어 딜러의 점수와 승부하는 카드게임을 의미한다.
　㉡ **룰렛**(Roulette) : 룰렛의 휠을 가지고 룰렛 테이블에서 게임되는 갬블링 게임으로써, 룰렛 볼은 휠이 회전하는 반대방향으로 돌다가 '카누(canoe)'를 걸쳐서 룰렛 레이아웃 숫자와 연결된 넘버에 미끄러져 들어가는 것으로, '위너(winner)'를 결정하는 게임을 말한다.
　㉢ **포커**(Poker) : 도박의 색채가 짙은 것으로써, 스릴이 있으며 더불어서 숙련도가 승패에 영향을 끼치는 게임을 말한다. 기본적 방법은 각자가 카드를 5장씩 가지고 그것이 이루는 약(約)을 겨루는 것으로써, 작전에 따라서 낮은 약을 가진 사람이 이길 수도 있다는 점에 포커의 진미가 있다.

43 관광의 매체
　㉠ **시각적 매체** : 휴식시설, 숙박시설, 오락시설 등
　㉡ **공간적 매체** : 도로, 교통기관, 운수시설 등
　㉢ **기능적 매체** : 통역안내업, 여행업, 관광기념품 판매업 등

44 관광사업의 특성으로 옳지 않은 것은?

① 입지 의존성이 약하다.

② 공익적 성격을 띠고 있다.

③ 외부환경에 민감하게 영향을 받는다.

④ 서비스집중 사업이다.

45 관광의 문화효과 중 부정적 효과에 해당되지 않는 것은?

① 지역 고유 언어의 변질

② 국제교류 증진

③ 문화재 파괴

④ 지역문화의 고유성 상실

46 KTO는 어떤 관광행정조직을 의미하는 약어인가?

① 정부관광행정기구   ② 지방관광기구

③ 경북관광개발공사   ④ 한국관광공사

>>>>>>>> **44.**① **45.**② **46.**④

ADVICE

44 관광사업의 특징
　　㉠ 입지에 대한 강한 의존성
　　㉡ 복합성
　　㉢ 서비스성
　　㉣ 공익성
　　㉤ 변동성(외부환경의 변화에 상당히 민감하게 영향을 받는다)
　　㉥ 경합 및 공존성

45 관광사업의 부정적인 측면
　　㉠ **경제적** : 물가의 상승, 경제의 종속화, 비수기의 고용불안정, 기반시설의 위험부담 등
　　㉡ **사회적** : 범죄율의 상승, 소비패턴의 변화, 원시마을의 파괴, 주민의 양극화 등
　　㉢ **문화적** : 토착문화의 소멸, 유적지의 파괴, 문화의 상품화 및 타락, 현지인 전시효과 등

46 한국관광공사(Korea Tourism Organization)는 국가의 경제발전 및 국민복지증진에 기여 및 국민경제 발전에 기여를 목
　　적으로 설립되어진 준시장형 공기업이다. 1962년 6월 26일 한국관광공사법에 의거하여 설립되었다.

47 관광정책에 관한 설명으로 옳지 않은 것은?

① 관광산업은 1988년 올림픽을 계기로 국가전략산업으로 지정되었다.

② 관광산업의 진흥을 목적으로 한다.

③ 관광관련 문제를 해결하기 위해 국가나 공공단체가 추진하는 모든 활동이다.

④ 관광촉진을 위한 조직적 활동의 총체이다.

48 국민관광에 관한 설명으로 옳지 않은 것은?

① 불특정다수의 모든 국민이 대상이다.

② 내 · 외국인의 국내관광이다.

③ 내국인의 국외관광이 포함된다.

④ Social Tourism을 포함한다.

〉〉〉〉〉〉〉〉 **47.**① **48.**②

ADVICE

47 국내 관광산업은 1975년에 국가전략산업으로 지정된 이후에 비약적 성장을 이룩해서 1978년에 입국한 외국 관광객이 100만 명을 돌파하였고, 정부의 각종 지원 시책에 힘입어서 호텔 등 관광객 이용시설도 상당한 수준에 올라있다.

48 국민관광의 범위

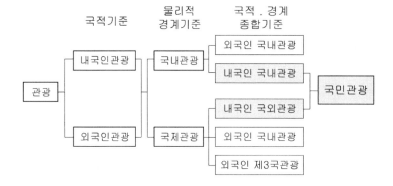

49 국제관광기구의 약어에 대한 표기로 옳은 것은?

① UNWTO – 동아시아관광협회

② ATAM – 미주여행업협회

③ ASTA – 아시아 · 태평양경제협력기구

④ PATA – 아시아 · 태평양관광협회

50 전통적 관광마케팅믹스 4P에 해당하는 것으로만 옳게 짝지어진 것은?

① Project – Product

② Price – Promotion

③ Plan – People

④ Place – Physical evidence

〉〉〉〉〉〉〉〉 49.④ 50.②

49 ㉠ United Nations World Tourism Organization ; UNWTO – 유엔세계관광기구

㉡ American Society of Travel Agents ; ASTA – 미주여행업협회

㉢ Asia · Pacific Economic Cooperation ; APEC – 아시아 · 태평양경제협력단체

50 관광마케팅믹스 4P

㉠ Product(제품기획) : 컨벤션 프로그램의 기획, 개최시설, 개최지 등이 속한다.

㉡ Place(유통기획) : 개최지역의 장소적인 접근성이 해당되고, 컨벤션 프로그램 중에서 참가등록자들의 등록기간 및 등록방법 등이 이에 해당한다.

㉢ Price(가격기획) : 이는 컨벤션 등록비에 해당하고 컨벤션 참가결정의 유무 및 유치 시에 있어서 커다란 영향력을 행사한다.

㉣ Promotion(촉진기획) : 컨벤션 참가수요자들을 설득하며 의사소통을 하고 긍정적인 검토를 통해서 참가하는 기술적인 요소이다.

2016년 기출문제분석

 1 **국사**

1 다음 그림과 같은 형태가 대표적 무덤 양식이었던 시기의 사회상에 관한 설명으로 옳은 것은?

① 농경생활이 시작되고 애니미즘이 생겨났다.

② 주로 동굴이나 강가에 막집을 짓고 살았다.

③ 사유재산제도와 사회계급이 발생하였다.

④ 사회신분제도인 골품제가 만들어졌다.

〉〉〉〉〉〉〉〉〉 1.③

ADVICE

1 고인돌은 청동기 시대의 대표적인 무덤 양식이다.
　　① 신석기　② 구석기　④ 신라시대

2 고구려와 신라의 교섭·교류 사실을 알려주는 문화재가 아닌 것은?

① 임신서기석   ② 광개토대왕릉비

③ 중원고구려비   ④ 호우명 그릇

3 다음 인용문에서 밑줄 친 '왕'은 누구인가?

> 나라 안의 여러 주와 군에서 공물과 부세를 바치지 않아 나라의 창고가 텅 비고 나라의 씀씀이가 궁핍하게 되었다. 왕이 사자를 보내 조세를 독촉하니, 이로 인하여 곳곳에서 도적들이 일어났다. 이때 원종과 애노 등이 사벌주를 근거로 반란을 일으키자, 왕이 나마(奈麻) 영기에게 명하여 붙잡게 하였다.
>
> 【《삼국사기》 신라본기 】

① 경애왕   ② 선덕여왕

③ 진덕여왕   ④ 진성여왕

〉〉〉〉〉〉〉〉 2.①   3.④

ADVICE

2 ① 임신서기석은 경북 경주시 현곡면 금장리 석장사터 부근에서 발견된 신라의 비석으로, 나라에 충성을 맹세하는 내용이 새겨져 있다. 신라 융성기에 청소년들의 유교도덕 실천상을 엿볼 수 있는 자료이다.

3 원종과 애노의 난은 진성여왕 3년인 889년에 신라 사벌주에서 일어난 농민항쟁이다.

4 다음 문화재를 건립 순서대로 바르게 나열한 것은?

㉠ 석굴암과 불국사	㉡ 미륵사지 석탑
㉢ 수원 화성	㉣ 해인사 장경판전

① ㉠ – ㉡ – ㉢ – ㉣
② ㉠ – ㉡ – ㉣ – ㉢
③ ㉡ – ㉠ – ㉣ – ㉢
④ ㉡ – ㉢ – ㉠ – ㉣

5 고려의 대외무역활동에 관한 설명으로 옳지 않은 것은?

① 대외무역의 발달과 함께 벽란도는 국제 무역항으로 발전하였다.
② 서적, 도자기와 같은 귀족들의 수요품을 일본에서 수입하였다.
③ 대식국인이라 불리던 아라비아 상인들이 와서 물품을 교역하였다.
④ 종이, 인삼 등의 특산품을 송나라에 수출하였다.

>>>>>>>>> **4.③ 5.②**

ADVICE

4 ㉡ **미륵사지 석탑** : 백제 말기의 무왕 때인 600~640년
㉠ **석굴암과 불국사** : 석굴암은 8세기 중엽인 통일신라 751년(경덕왕 10)에 김대성이 불국사를 중창할 때, 왕명에 따라 착공한 것으로 되어 있다.
㉣ **해인사 장경판전** : 통일신라시대 802년
㉢ **수원 화성** : 1796년 정조가 그의 아버지의 묘를 수원으로 옮기면서 축조한 성

5 ② 고려는 인삼, 서적, 도자기, 곡식 등을 일본에 수출하였다.

6 고려시대에 편찬된 서적을 모두 고른 것은?

㉠ 고려사	㉡ 삼국사절요
㉢ 삼국사기	㉣ 제왕운기
㉤ 해동역사	

① ㉠, ㉡

② ㉡, ㉢

③ ㉢, ㉣

④ ㉣, ㉤

7 고려 공민왕의 개혁정치에 관한 설명으로 옳지 않은 것은?

① 오위도총부를 설치하였다.

② 전민변정도감을 설치하였다.

③ 정동행성의 이문소를 폐지하였다.

④ 몽골풍의 의복과 변발을 폐지하였다.

》》》》》》》 6.③ 7.①

ADVICE

6 ㉢ **삼국사기** : 1145년(인종 23)경에 김부식 등이 고려 인종의 명을 받아 편찬한 삼국시대의 정사

㉣ **제왕운기** : 1287년(충렬왕 13) 이승휴가 7언시와 5언시로 지은 역사책

㉠ **고려사** : 1449년(세종 31)에 편찬하기 시작해 1451년(문종 1)에 완성된 고려시대 역사서

㉡ **삼국사절요** : 1476년(성종 7) 노사신 · 서거정 등이 편찬한 단군조선으로부터 삼국의 멸망까지를 다룬 편년체의 역사서

㉤ **해동역사** : 조선후기 실학자 한치윤이 단군조선으로부터 고려시대까지의 역사를 서술한 책

7 ① 오위도총부는 조선시대의 중앙군인 오위를 지휘 감독한 최고 군령기관이다.

8 다음 사건을 발생 순서대로 바르게 나열한 것은?

> ㉠ 1, 2차 나선정벌 단행
> ㉡ 안용복이 일본에 건너가 울릉도와 독도가 조선 영토임을 주장
> ㉢ 명의 요청으로 도원수 강홍립과 약 1만명의 군사 파견
> ㉣ 백두산 정계비 건립

① ㉠ - ㉢ - ㉡ - ㉣
② ㉠ - ㉢ - ㉣ - ㉡
③ ㉢ - ㉠ - ㉡ - ㉣
④ ㉢ - ㉠ - ㉣ - ㉡

9 조선시대 관리 등용 제도가 아닌 것은?

① 천거
② 독서삼품과
③ 음서
④ 과거

10 조선시대 서적에 관한 설명으로 옳지 않은 것은?

① 칠정산 – 일곱 개 천체의위치를 계산하는 방법을 서술한 역법서
② 지봉유설 – 진법 위주의 군사훈련 지침을 서술한 병법서
③ 향약집성방 – 우리 풍토에 적합한 약재와 치료방법을 정리한 의학서
④ 총통등록 – 화약무기의제작과 그사용법을 정리한 병서

>>>>>>>>> 8.③ 9.② 10.②

ADVICE

8 ㉢ 1619년 → ㉠ 1654년(1차), 1658년(2차) → ㉡ 1696년 → ㉣ 1712년

9 ② 독서삼품과는 신라시대의 관리등용 방법이다.

10 ② 지봉유설은 1614년(광해군 6) 이수광이 편찬한 일종의 백과사전이다.

11 조선 후기에 제작된 그림이 아닌 것은?

① 정선의 인왕제색도   ② 신윤복의 단오풍정

③ 김홍도의 씨름도   ④ 안견의 몽유도원도

12 임오군란을 계기로 일본과 체결한 조약은?

① 제물포조약   ② 강화도조약

③ 한성조약   ④ 시모노세키조약

13 모스크바 3국 외상 회의에서 결의된 내용으로 옳지 않은 것은?

① 임시 민주 정부 수립

② 미·소 공동 위원회 설치

③ 최고 5년 기한의 신탁통치 시행

④ 남북한 총선거를 통한 한국 통일안 시행

>>>>>>>> **11.**④   **12.**①   **13.**④

ADVICE

11 ④ 몽유도원도는 안견이 1447년(세종 29)에 비단 바탕에 수묵담채로 그린 산수화이다.

12 임오군란은 1882년(고종 19) 6월 9일 구식군대가 일으킨 병란으로, 청나라는 이 난의 책임을 물어 대원군을 톈진으로 납치해갔으며, 일본은 조선 정부에 강력한 위협을 가해 주모자 처벌과 손해 배상을 내용으로 하는 제물포조약을 맺게 했다.

13 모스크바 3국 외상 회의는 1945년 12월 미국·영국·소련의 3국이 제2차 세계 대전 전후 문제 처리를 위하여 모스크바에서 개최한 외무 장관 회의이다. 이 회의에서 한국에 임시 민주 정부를 수립하기 위해 미·소 공동 위원회를 설치하고, '한국은 정부 수립 능력이 없으므로 5년간 미·영·중·소 4개국이 신탁 통치한다'라는 내용을 결정하였다.

14 다음 내용과 모두 관련된 인물은?

> • 민족주의 역사학
> • 독사신론
> • 조선혁명선언서

① 정인보　　　　　　　　　② 신채호
③ 박은식　　　　　　　　　④ 백남운

15 대한민국 임시 정부가 1940년에 창설한 군사조직은?

① 북로군정서　　　　　　　② 대한독립군
③ 조선의용대　　　　　　　④ 한국광복군

》》》》》》》》 14.②　15.④

ADVICE

14 제시된 내용은 신채호와 관련된 설명이다.
  • 민족주의 역사학 : 신채호는 민족주의 역사학을 명실상부한 근대역사학으로 확립시켰다.
  • 독사신론 : 1908년 신채호가 민족주의 사관에 입각해 서술한 최초의 한국 고대사 역사서
  • 조선혁명선언서 : 신채호가 1923년 1월 의열단의 독립운동이념과 방략을 이론화해 천명한 선언서

15 한국광복군 … 1940년 중국 충칭에서 조직된 대한민국 임시 정부의 군대이다. 대한민국 임시 정부의 김구 주석은 중국 곳곳에서 독립 전쟁을 벌이는 독립군을 바탕으로 한국광복군을 조직하였다.
  ① 북로군정서 : 3 · 1운동 이후 만주 왕칭현에서 조직된 무장독립운동 단체
  ② 대한독립군 : 1919년 홍범도가 의병 출신을 중심으로 창설한 항일 독립군 부대
  ③ 조선의용대 : 김원봉이 1938년 중국의 임시수도 한커우에서 창설한 한국 독립무장부대

② 관광자원해설

16 다음 산악자원 중 국립공원이 아닌 것은?

① 주왕산 ② 무등산

③ 대둔산 ④ 가야산

17 동굴의 생성원인이 다른 것은?

① 만장굴 ② 쌍룡굴

③ 협재굴 ④ 성류굴

18 해수욕장과 지역의 연결이 옳은 것은?

① 구룡포해수욕장 – 강원도

② 화진포해수욕장 – 충청남도

③ 중문해수욕장 – 전라남도

④ 구조라해수욕장 – 경상남도

〉〉〉〉〉〉〉〉 16.③ 17.④ 18.④

ADVICE

16 ③ 대둔산은 도립공원이다.

17 성류굴은 석회동굴이고, 만장굴 · 쌍룡굴 · 협재굴은 화산동굴이다.

18 ① 구룡포해수욕장 – 경상북도

② 화진포해수욕장 – 강원도

③ 중문해수욕장 – 제주도

19 온천과 지역의 연결이 옳지 않은 것은?

① 덕구온천 – 경상북도

② 수안보온천 – 충청남도

③ 백암온천 – 경상북도

④ 마금산온천 – 경상남도

20 국가지정문화재의 연결이 옳지 않은 것은?

① 사적 제1호 – 종묘

② 보물 제1호 – 서울 흥인지문

③ 명승 제1호 – 명주 청학동 소금강

④ 국보 제1호 – 서울 숭례문

21 판소리에 관한 설명으로 옳지 않은 것은?

① 지역에 따라 동편제, 서편제, 중고제로 나뉜다.

② '발림'은 흥을 돋우기 위한 추임새이다.

③ 한국의 유네스코 인류무형문화유산이다.

④ '아니리'는 소리를 하던 중 어떠한 상황이나 장면 등을 설명 또는 대화식으로 엮어 나가는 것이다.

〉〉〉〉〉〉〉〉〉 19.② 20.① 21.②

ADVICE

19 ② 수안보온천은 충청북도에 있다.

20 ① 사적 제1호는 경주 포석정지이다. 종묘는 사적 제125호이다.

21 ② 발림은 판소리에서 창자가 소리의 가락이나 사설의 극적인 내용에 따라서 손·발·온몸을 움직여 소리나 이야기의 감정을 표현하는 몸짓을 말한다.

22 한국의 유네스코 세계기록유산이 아닌 것은?

① 「승정원일기」

② 조선왕조 「의궤」

③ 「동국여지승람」

④ 새마을운동 기록물

23 문화관광축제와 지역의 연결이 옳은 것은?

① 남강유등축제 – 진주

② 세계무술축제 – 무주

③ 지평선축제 – 인제

④ 국제마임축제 – 제천

〉〉〉〉〉〉〉〉　　**22.**③　**23.**①

ADVICE

22 한국의 유네스코 세계기록유산은 총 16개로 「조선왕조실록」(1997), 「훈민정음(해례본)」(1997), 「승정원일기」(2001), 「불조직지심체요절(하권)」(2001), 조선왕조「의궤」(2007), 고려대장경판 및 제경판(2007), 「동의보감」(2009), 「일성록」(2011), 5 · 18 광주민주화운동 기록물(2011), 새마을운동 기록물(2013), 「난중일기」(2013), 한국의 유교책판(2015), KBS 특별생방송 '이산가족을 찾습니다' 기록물(2015), 조선왕실 어보와 어책(2017), 조선통신사에 관한 기록(2017), 국채보상 기록물(2017)이 있다.

23 ② 세계무술축제 – 충주
③ 지평선축제 – 김제
④ 국제마임축제 – 춘천

24 다음 중 삼보(三寶)사찰이 아닌 것은?

① 송광사

② 통도사

③ 불국사

④ 해인사

25 관광자원의 유형과 구성요소의 연결이 옳지 않은 것은?

① 자연관광자원 – 산악, 동굴

② 사회관광자원 – 풍속, 생활관습

③ 문화관광자원 – 국보, 보물

④ 산업관광자원 – 공업단지, 사찰

〉〉〉〉〉〉〉〉 24.③ 25.④

ADVICE

24 삼보사찰 … 우리나라 사찰 중 가장 중요한 삼대 사찰로, 경상남도 양산의 통도사(通度寺), 합천 가야산의 해인사(海印寺), 전라남도 순천의 송광사(松廣寺) 셋을 가리킨다.

25 ④ 산업관광자원은 공장 및 산업시설들이 해당한다. 사찰은 문화관광자원이다.

③ 관광법규

26 관광기본법상 외국 관광객의 유치를 촉진하기 위하여 해외 홍보를 강화하고 출입국 절차를 개선하며 그 밖에 필요한 시책을 강구하여야 하는 주체는?

① 한국관광공사
② 정부
③ 국회
④ 한국관광협회중앙회

27 국제회의산업 육성에 관한 법령상 국제회의시설이 아닌 것은?

① 전문회의시설
② 준회의시설
③ 전시시설
④ 공항시설

〉〉〉〉〉〉〉〉 26.② 27.④

ADVICE

26 정부는 외국 관광객의 유치를 촉진하기 위하여 해외 홍보를 강화하고 출입국 절차를 개선하며 그 밖에 필요한 시책을 강구하여야 한다〈「관광기본법」제7조(외국 관광객의 유치)〉.

27 국제회의시설은 전문회의시설·준회의시설·전시시설·지원시설 및 부대시설로 구분한다.

28 국제회의산업 육성에 관한 법령상 문화체육관광부장관이 국제회의 정보의 공급·활용 및 유통을 촉진하기 위하여 지원할 수 있는 사업시행기관의 사업이 아닌 것은?

① 국제회의 정보 및 통계의 수집·분석
② 국민관광정보의 가공 및 유통
③ 국제회의 정보망의 구축 및 운영
④ 국제회의 정보의 활용을 위한 자료의 발간 및 배포

29 국제회의산업 육성에 관한 법령상 문화체육관광부장관이 국제회의 전문인력의 양성 등을 위하여 사업시행기관이 추진하는 사업 중 지원할 수 있는 사업은?

① 국제회의집적시설의 지정
② 국제회의 복합지구의 지정
③ 국제회의 전문인력 양성을 위한 인턴사원제도
④ 국제회의 관련 국제협력을 위한 조사·연구

>>>>>>>>> 28.② 29.③

ADVICE

28 국제회의 정보의 유통 촉진〈「국제회의산업 육성에 관한 법률」제13조 제2항〉… 문화체육관광부장관은 국제회의 정보의 공급·활용 및 유통을 촉진하기 위하여 사업시행기관이 추진하는 다음의 사업을 지원할 수 있다.
ㄱ 국제회의 정보 및 통계의 수집·분석
ㄴ 국제회의 정보의 가공 및 유통
ㄷ 국제회의 정보망의 구축 및 운영
ㄹ 그 밖에 국제회의 정보의 유통 촉진을 위하여 필요한 사업으로 문화체육관광부령으로 정하는 사업(=국제회의 정보의 활용을 위한 자료의 발간 및 배포)

29 국제회의 전문인력의 교육·훈련 등〈「국제회의산업 육성에 관한 법률」제10조〉… 문화체육관광부장관은 국제회의 전문인력의 양성 등을 위하여 사업시행기관이 추진하는 다음 각 호의 사업을 지원할 수 있다.
ㄱ 국제회의 전문인력의 교육·훈련
ㄴ 국제회의 전문인력 교육과정의 개발·운영
ㄷ 그 밖에 국제회의 전문인력의 교육·훈련과 관련하여 필요한 사업으로서 문화체육관광부령으로 정하는 사업(=국제회의 전문인력 양성을 위한 인턴사원제도 등 현장실습의 기회를 제공하는 사업)

30 관광진흥법상 조성계획의 수립 등에 관한 규정이다. 다음 ( ) 안에 들어갈 내용으로 옳게 짝지어진 것은?

> 관광지등을 관할하는 (㉠)은/는 조성계획을 작성하여 시·도지사의 승인을 받아야 한다. 이를 변경 (대통령령으로 정하는 경미한 사항의 변경은 제외한다)하려는 경우에도 또한 같다. 다만, 관광단지를 개발하려는 공공기관 등 문화체육관광부령으로 정하는 (㉡) 또는 민간개발자는 조성계획을 작성하여 대통령령으로 정하는 바에 따라 시·도지사의 승인을 받을 수 있다.

① ㉠ : 시장·군수·구청장, ㉡ : 사단법인
② ㉠ : 시장·군수·구청장, ㉡ : 공공법인
③ ㉠ : 공공법인, ㉡ : 시장·군수·구청장
④ ㉠ : 개인사업자, ㉡ : 시장·군수·구청장

31 관광진흥법령상 업종별 관광협회의 설립에 관한 설명으로 옳은 것은?

① 업종별 관광협회는 특별시·광역시·도 및 특별자치도를 단위로 설립하여야 한다.
② 업종별 관광협회는 지역별 특수성을 고려하여 지역 단위로 설립하여야 한다.
③ 업종별 관광협회는 해외에 지부를 설립하여야 한다.
④ 업종별 관광협회는 문화체육관광부장관의 설립허가를 받아야 한다.

>>>>>>>> 30.② 31.④

ADVICE

30 관광지등을 관할하는 <u>시장·군수·구청장</u>은 조성계획을 작성하여 시·도지사의 승인을 받아야 한다. 이를 변경(대통령령으로 정하는 경미한 사항의 변경은 제외한다)하려는 경우에도 또한 같다. 다만, 관광단지를 개발하려는 공공기관 등 문화체육관광부령으로 정하는 <u>공공법인</u> 또는 민간개발자는 조성계획을 작성하여 대통령령으로 정하는 바에 따라 시·도지사의 승인을 받을 수 있다〈「관광진흥법」 제54조(조성계획의 수립 등) 제1항〉.

31 업종별 관광협회는 업종별로 업무의 특수성을 고려하여 전국을 단위로 설립할 수 있다.
  ※ 지역별 또는 업종별 관광협회의 설립 범위
    ㉠ **지역별 관광협회** : 특별시·광역시·도 및 특별자치도를 단위로 설립하되, 필요하다고 인정되는 지역에는 지부를 둘 수 있다.
    ㉡ **업종별 관광협회** : 업종별로 업무의 특수성을 고려하여 전국을 단위로 설립할 수 있다.

32 관광진흥법상 권역별 관광개발계획에 포함해야 하는 사항으로 명시된 것은?

① 관광지 연계에 관한 사항

② 관광지 지정 절차에 관한 사항

③ 관광권역의 설정에 관한 사항

④ 관광진흥개발기금의 용도에 관한 사항

33 관광진흥법령상 여행업의 종류가 아닌 것은?

① 관광호텔업

② 국내여행업

③ 일반여행업

④ 국외여행업

>>>>>>>> **32.**① **33.**①

ADVICE

32 관광개발기본계획 등〈「관광진흥법」 제49조 제2항〉… 시·도지사(특별자치도지사는 제외한다)는 기본계획에 따라 구분된 권역을 대상으로 다음의 사항을 포함하는 권역별 관광개발계획을 수립하여야 한다.

㉠ 권역의 관광 여건과 관광 동향에 관한 사항

㉡ 권역의 관광 수요와 공급에 관한 사항

㉢ 관광자원의 보호·개발·이용·관리 등에 관한 사항

㉣ 관광지 및 관광단지의 조성·정비·보완 등에 관한 사항

㉤ 관광지 및 관광단지의 실적 평가에 관한 사항

㉥ 관광지 연계에 관한 사항

㉦ 관광사업의 추진에 관한 사항

㉧ 환경보전에 관한 사항

㉨ 그 밖에 그 권역의 관광자원의 개발, 관리 및 평가를 위하여 필요한 사항

33 ③ 종합여행업

④ 국내외여행업

※ **여행업의 종류**〈「관광진흥법 시행령」 제2조(관광사업의 종류 제1항 제1호)〉

㉠ **종합여행업** : 국내외를 여행하는 내국인 및 외국인을 대상으로 하는 여행업[사증(査證)을 받는 절차를 대행하는 행위를 포함한다]

㉡ **국내외여행업** : 국내외를 여행하는 내국인을 대상으로 하는 여행업(사증을 받는 절차를 대행하는 행위를 포함한다)

㉢ **국내여행업** : 국내를 여행하는 내국인을 대상으로 하는 여행업

34 관광진흥법상 사업계획 승인 시의 인·허가 의제사항이 아닌 것은?

① 산지관리법에 따른 산지전용허가

② 사방사업법에 따른 사방지(砂防地) 지정의 해제

③ 초지법에 따른 초지전용(草地轉用)의 허가

④ 사도법에 따른 하천공사 등의 허가

35 관광진흥법상 민간개발자에 해당하지 않는 것은?

① 관광단지를 개발하려는 개인

② 관광단지를 개발하려는 상법상의 법인

③ 관광단지를 개발하려는 관광기본법상의 법인

④ 관광단지를 개발하려는 민법상의 법인

〉〉〉〉〉〉〉〉 34.④ 35.③

ADVICE

34 사업계획 승인 시의 인·허가 의제 등〈「관광진흥법」 제16조 제1항〉

　㉠ 「농지법」에 따른 농지전용의 허가

　㉡ 「산지관리법」에 따른 산지전용허가 및 산지전용신고, 산지일시사용허가·신고, 「산림자원의 조성 및 관리에 관한 법률」
　　에 따른 입목벌채 등의 허가·신고

　㉢ 「사방사업법」에 따른 사방지 지정의 해제

　㉣ 「초지법」에 따른 초지전용의 허가

　㉤ 「하천법」에 따른 하천공사 등의 허가 및 실시계획의 인가, 점용허가 및 실시계획의 인가

　㉥ 「공유수면 관리 및 매립에 관한 법률」에 따른 공유수면의 점용·사용허가 및 점용·사용 실시계획의 승인 또는 신고

　㉦ 「사도법」에 따른 사도개설의 허가

　㉧ 「국토의 계획 및 이용에 관한 법률」에 따른 개발행위의 허가

　㉨ 「장사 등에 관한 법률」에 따른 분묘의 개장신고 및 분묘의 개장허가

35 민간개발자란 관광단지를 개발하려는 개인이나 「상법」 또는 「민법」에 따라 설립된 법인을 말한다.〈「관광진흥법」 제2조
　제8호〉

4 관광학개론

36 관광의 구성요소 중 관광객체의 내용으로 옳지 않은 것은?

① 관광대상을 의미한다.
② 관광욕구를 충족시키는 역할을 한다.
③ 관광정보를 포함한다.
④ 관광자원과 관광시설을 포함한다.

37 국제회의 종류 중 특별한 기술을 교육하고 습득하기 위한 목적으로 소규모 집단이 참여하는 회의는?

① 클리닉(Clinic)
② 컨벤션(Convention)
③ 포럼(Forum)
④ 심포지엄(Symposium)

38 대한민국 국적 항공사의 코드가 아닌 것은?

① 7C
② OZ
③ CX
④ BX

>>>>>>>> 36.③ 37.① 38.③

ADVICE

36 관광객체는 관광의 대상으로 관광공급시장을 형성한다. 관광자원 및 관광시설(서비스 포함)이 관광객체에 해당한다.
　③ 관광정보는 관광매체이다.

37 ② 컨벤션 : 다수의 사람들이 특정한 활동을 하거나 협의하기 위해 한 장소에 모이는 회의와 유사한 의미로, 전시회를 포함하는 포괄적인 의미로 쓰이기도 함
　③ 포럼 : 소수의 발표자가 의견을 제시하고 청중이 토론에 참가해 의견을 종합하는 형식
　④ 심포지엄 : 특정한 문제에 대하여 두 사람 이상의 전문가 서로 다른 각도에서 의견을 발표하고 참석자의 질문에 답하는 형식의 토론회

38 ③ CX : 케세이 퍼시픽 항공(Cathay Pacific Airways)
　① 제주항공　② 아시아나 항공　④ 에어부산

39 관광의 긍정적 효과가 아닌 것은?

① 국제수지 개선
② 도시범죄 증가
③ 환경보호의식 제고
④ 문화교류 증진

40 여행사의 업무가 아닌 것은?

① 상담업무
② 판매업무
③ 예약 및 수배업무
④ 관광기본법 제정 업무

41 전형적인 주최여행으로 숙박, 교통, 음식 등의 여행소재를 포괄한 상품을 제공하여 주요 관광지를 방문하는 여행은?

① Special Interest Tour
② Interline Tour
③ Incentive Tour
④ Package Tour

>>>>>>>> 39.② 40.④ 41.④

ADVICE

39 ② 도시범죄의 증가는 관광의 부정적인 효과이다.

40 ④ 법 제정은 의회의 업무이다.

41 Package Tour ⋯ 전형적인 주최여행으로 숙박, 교통, 음식 등의 여행소재를 포괄한 상품을 제공하여 주요 관광지를 방문하는 여행
① Special Interest Tour : 여객의 관심을 끌 만한 특별 테마를 갖고, 기획 · 모집 · 운영되는 투어
② Interline Tour : 항공회사가 가맹 agent를 초대하는 여행
③ Incentive Tour : 포상여행

42 복지관광의 목표가 아닌 것은?

① 복지의 증진

② 삶의 질 향상

③ 관광 소외 계층에 대한 관광 참여 기회 제한

④ 개인의 자아실현에 기여

43 인바운드관광의 활성화 방안으로 옳지 않은 것은?

① 외래관광객 유치를 위한 홍보 강화

② 출입국 수속 절차의 복잡화

③ 관광상품의 개발

④ 외래관광객을 위한 숙박시설 확충

44 호텔 객실 중 객실과 객실 사이가 문으로 연결되어 있는 객실은?

① 커넥팅룸(Connecting Room)

② 인사이드룸(Inside Room)

③ 아웃사이드룸(Outside Room)

④ 어드조이닝룸(Adjoining Room)

〉〉〉〉〉〉〉〉 42.③ 43.② 44.①

ADVICE

42 ③ 복지관광은 관광 소외 계층에 대한 관광 참여 기회를 확대한다.

43 ② 인바운드관광의 활성화를 위해서는 출입국 수속 절차를 간소화하는 것이 좋다.

44 커넥팅룸 … 인접해 있는 객실로서 Connecting Door(연결도어)가 있는 객실을 말한다. 이 도어를 열어서 2실 또는 그 이상을 연결하여 사용한다.
② 인사이드룸 : 안뜰로 향하고 있는 객실을 말하며, 아웃사이드룸의 반대 개념이다
③ 아웃사이드룸 : 호텔건물의 외측이 시가지나 정원 쪽을 향하고 있어서 전망이 좋은 객실을 가리킨다. 이것은 인사이드룸과 반대개념이다.
④ 어드조이닝룸 : 객실과 객실 사이에 문은 없지만 옆으로 나란히 위치해 있어 가족이나 친구끼리 여행 온 이들이 편리하게 이용할 수 있는 객실이다.

45 호텔이 제공하는 서비스가 아닌 것은?

① 음식 서비스

② 숙박 서비스

③ 연회 서비스

④ 항공 탑승권 발권 서비스

46 마케팅 믹스 4Ps에 해당 하는 것은?

① Process

② Place

③ People

④ Physical Evidence

47 카지노 게임 중 테이블에서 하는 게임이 아닌 것은?

① 슬롯머신(Slot Machine)

② 룰렛(Roulette)

③ 바카라(Baccarat)

④ 블랙잭(Blackjack)

>>>>>>>> **45.**④ **46.**② **47.**①

ADVICE

45 ④ 항공 탑승권 발권 서비스는 호텔에서 제공하지 않는다.

46 마케팅 믹스 4Ps
  ㉠ Product : 상품전략
  ㉡ Price : 가격전략
  ㉢ Place : 유통전략
  ㉣ Promotion : 광고 및 판촉 등의 전략

47 ① 슬롯머신은 상금을 받을 수 있는 기호가 순서대로 나오게 하기 위해, 동전을 투입구에 넣어 작동하는 상자형 전자 도박 기기이다.
  ②③④ 룰렛, 바카라, 블랙잭은 모두 테이블에서 하는 게임이다.

48 시장세분화 변수 중 인구통계적 변수가 아닌 것은?

① 성별   ② 연령

③ 직업   ④ 개성

49 항공 탑승권에 기재되어 있는 정보가 아닌 것은?

① 승객의 도착지

② 승객의 자택주소

③ 승객의 좌석번호

④ 승객의 성명

50 관광상품의 일반적인 특성이 아닌 것은?

① 생산과 소비의 동시성이 강하다.

② 유형성과 무형성이 병존한다.

③ 계절의 영향을 받지 않는다.

④ 인적서비스의 비중이 크다.

〉〉〉〉〉〉〉〉 48.④ 49.② 50.③

ADVICE

48 세분화의 기준변수
　㉠ **인구통계적 변수** : 연령, 성별, 지역, 소득, 종교, 직업 등
　㉡ **심리분석적 변수** : 사회계층, 라이프스타일, 개성 등
　㉢ **구매행동적 변수** : 사용기회, 사용경험, 사용량, 상표애호도 등
　㉣ **사용상황 변수**
　㉤ **추구효익 변수**

49 ② 승객의 자택주소는 항공 탑승권에 기재되어 있지 않다.

50 ③ 관광상품은 계절의 영향을 크게 받는다.

 국사

1 다음 설명에 해당하는 것은?

> 낭가와 불교 양가 대 유가의 싸움이며, 국풍파 대 한학파의 싸움이며, 독립당 대 사대당의 싸움이며, 진취 사상 대 보수 사상의 싸움

① 서경천도운동   ② 이자겸의 난
③ 만적의 난   ④ 무신 정변

2 고려의 경제 정책에 관한 설명으로 옳은 것은?

① 토지 대장인 양안과 호구 장부인 호적을 작성하였다.
② 시장을 감독하는 관청인 동시전을 설치하였다.
③ 농사직설 등 농서를 간행, 보급하였다.
④ 상평통보가 발행되어 널리 유통되었다.

〉〉〉〉〉〉〉〉 1.① 2.①

ADVICE

1 제시된 설명은 단재 신채호가 「조선사연구초」에서 서경천도운동에 대해 평가한 내용이다.

2 ② 동시전은 신라 때의 관청이다.
③④ 조선 때의 일이다.

3 고려시대 유학에 관한 설명으로 옳지 않은 것은?

① 지방에 향교를 설립하여 유학을 가르쳤다.

② 최충은 9재 학당을 세워 유학교육에 힘썼다.

③ 유교 예법에 따라 의례를 정리한 국조오례의가 편찬되었다.

④ 성리학을 수용하여 권문세족의 횡포와 불교의 폐단을 비판하였다.

4 다음 중 가장 먼저 세운 비는?

① 창녕비   ② 황초령비

③ 마운령비   ④ 단양 적성비

5 다음 중앙 관제가 존재한 국가에 관한 설명으로 옳지 않은 것은?

• 중정대	• 주자감	• 정당성

① 고구려 계승 의식을 갖고 있었다.

② 전국을 9주 5소경 체제로 정비하였다.

③ 인안, 대흥 등의 독자적 연호를 사용하였다.

④ 영주도, 신라도, 거란도 등 교통로가 존재하였다.

>>>>>>>> 3.③ 4.④ 5.②

ADVICE

3 ③ 「국조오례의」는 조선시대 오례의 예법과 절차에 관하여 기록한 책으로 세종 때 시작되어 성종 때 완성되었다.

4 ① 561년(진흥왕 22)
② 568년(진흥왕 29)
③ 568년(진흥왕 29)
④ 545~550년경(진흥왕 6~11년)

5 중정대, 주자감, 정당성은 발해의 중앙 관제이다.
② 9주 5소경은 통일 신라 시대의 지방 행정 구획이다. 발해는 전국을 5경 15부 62주의 행정 구역으로 나누었다.

6 다음 법이 있었던 국가에 관한 설명으로 옳은 것은?

> 그것은 대개 사람을 죽인 자는 즉시 죽이고, 남에게 상처를 입힌 자는 곡식으로 갚는다. 도둑질을 한 자는 노비로 삼는다. 용서를 받고자 하는 자는 한 사람마다 50만전을 내야 한다.

① 여러 가가 사출도를 나누어 다스렸다.
② 혼인 풍습으로 민며느리제가 존재하였다.
③ 천군이 소도라는 신성 지역을 다스렸다.
④ 건국과 관련하여 단군신화가 전해지고 있다.

7 신라 불교에 관한 설명으로 옳지 않은 것은?

① 원효는 일심사상의 이론적 체계를 마련하였다.
② 의상은 화엄사상을 바탕으로 교단을 형성하였다.
③ 혜심은 유불일치설을 주장하고 심성 도야를 강조하였다.
④ 혜초는 인도에서 불교를 공부하고 왕오천축국전을 서술하였다.

〉〉〉〉〉〉〉〉〉 6.④ 7.③

ADVICE

6 제시된 내용은 고조선의 8조법금이다.
① 부여 ② 옥저 ③ 삼한

7 ③ 혜심은 고려 때의 승려이다.

8 다음과 같은 폐단을 시정하기 위해 시행된 제도는?

> 사주인은 자기가 갖고 있는 물품으로 관청에 대신 내고, 그 고을 농민들에게 낸 물건 값을 턱없이 높게 쳐서 열 배의 이득을 취하니 이것은 백성의 피땀을 짜내는 것입니다.

① 공법   ② 대동법
③ 균역법   ④ 영정법

9 병자호란에 따른 조선의 실상에 관한 설명으로 옳지 않은 것은?

① 청에 대한 적대감과 복수심으로 북벌론을 주창하였다.
② 세자를 비롯해 많은 신하와 백성이 포로로 끌려갔다.
③ 청나라에 바치는 조공품이 늘어나 백성들의 생활이 곤궁해졌다.
④ 압록강 지역에 4군, 두만강 지역에 6진을 설치하였다.

10 시기 순으로 사건을 바르게 나열한 것은?

> ㉠ 갑오개혁   ㉡ 갑신정변
> ㉢ 광무개혁   ㉣ 을사조약

① ㉡ - ㉠ - ㉢ - ㉣
② ㉡ - ㉢ - ㉠ - ㉣
③ ㉢ - ㉠ - ㉣ - ㉡
④ ㉢ - ㉡ - ㉠ - ㉣

>>>>>>>> 8.②   9.④   10.①

ADVICE

8 제시된 내용은 공납의 폐단인 방납에 대한 것이다. 이러한 폐단을 바로잡기 위해 공물을 쌀로 통일하여 바치게 한 것이 대동법이다.

9 ④ 4군 6진은 조선 세종 때 여진족을 몰아낸 뒤 군사적인 목적으로 만든 행정 구역이다.

10 갑신정변(1884) → 갑오개혁(1894) → 광무개혁(1897) → 을사조약(1905)

11 다음 내용과 관련된 조선시대 기구로 옳지 않은 것은?

• 3사라고 칭하였다.　　　　　　　• 언론 기능을 담당하였다.

① 홍문관　　　　　　　　　　　　② 승정원

③ 사간원　　　　　　　　　　　　④ 사헌부

12 조선 전기 문화에 관한 설명으로 옳은 것은?

① 판소리와 한글소설이 유행하는 등 서민문화가 확대되었다.

② 아라비아 역법을 참고하여 칠정산이라는 역법서를 편찬하였다.

③ 동국지리지, 아방강역고 등과 같은 역사 지리서를 편찬하였다.

④ 우리나라의 산천을 사실적으로 표현한 진경산수화가 유행하였다.

13 일제가 청산리대첩의 보복으로 우리 동포를 학살한 사건은?

① 간도 참변　　　　　　　　　　　② 만보산 사건

③ 자유시 참변　　　　　　　　　　④ 갑산 화전민 사건

〉〉〉〉〉〉〉〉 11.② 12.② 13.①

ADVICE

11 조선시대의 3사는 홍문관, 사간원, 사헌부이다.

12 ② 「칠정산」은 조선 세종 때 편찬되었다.
①③④ 조선 후기 문화에 관한 설명이다.

13 청산리대첩에서 크게 패하면서 일본군은 그 보복으로 수많은 한국인 마을을 대상으로 방화·약탈을 일삼고 한국인들을 보이는 대로 학살하였는데, 이 사건을 간도참변(경신참변)이라 한다.

14 현재까지 남아있는 근대 문화유산으로 옳지 않은 것은?

① 독립문

② 명동성당

③ 통감부 청사

④ 덕수궁 중명전

15 광복 후 김구의 활동으로 옳은 것은?

① 한국 민주당과 함께 남한만의 총선거 실시를 주장하였다.

② 김일성에게 남북 정치 지도자 회담을 제안하였다.

③ 모스크바 3국 외상 회의에서 결정된 신탁통치안을 지지하였다.

④ 새 국가 건설을 위해 조선 건국 동맹을 결성하였다.

〉〉〉〉〉〉〉〉 14.③ 15.②

ADVICE

14 ③ 1910년 경술국치 때 통감부가 조선총독부로 확대 · 개편되었고 1995~1996년도에 조선총독부 건물이 철거되면서 현재
는 그 터만 남아있다.

15 ① 한국 민주당과 함께 남한만의 총선거 실시를 주장한 것은 이승만이다. 김구는 남한만의 총선거를 거부하였다.
③ 박헌영 등 북쪽의 좌익 진영은 구소련의 결정을 지지한다며, 신탁 통치를 찬성했다.
④ 조선 건국 동맹은 여운형, 현우현, 조동호 등에 의해 결성되었다.

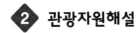 **관광자원해설**

16 자연적 관광자원이 아닌 것은?

① 사적   ② 온천

③ 동굴   ④ 산악

17 온천법상 ( )에 들어갈 용어로 옳은 것은?

> 시 · 도지사는 온도 · 성분 등이 우수하고 주변환경이 양호하여 건강증진 및 심신요양에 적합하다고 인
> 정하는 온천이 있는 온천원보호지구, 온천공보호구역 또는 온천이용시설을 행정안전부장관의 승인을
> 받아 ( )으로 지정할 수 있다.

① 보양온천   ② 관광온천

③ 휴양온천   ④ 요양온천

>>>>>>>> **16**.① **17**.①

ADVICE

16 ① 사적은 문화적 관광자원이다.

17 시 · 도지사는 온도 · 성분 등이 우수하고 주변환경이 양호하여 건강증진 및 심신요양에 적합하다고 인정하는 온천이 있는
온천원보호지구, 온천공보호구역 또는 온천이용시설을 행정안전부장관의 승인을 받아 <u>보양온천</u>으로 지정할 수 있다〈「온
천법」 제9조(보양온천의 지정) 제1항〉.

18 석회동굴을 모두 고른 것은?

㉠ 제주 만장굴	㉡ 제주 협재굴
㉢ 영월 고씨굴	㉣ 울진 성류굴

① ㉠, ㉡   ② ㉠, ㉣

③ ㉡, ㉢   ④ ㉢, ㉣

19 우리나라 국립공원 중 면적이 가장 넓은 국립공원과 가장 좁은 국립공원을 순서대로 나열한 것은?

① 한려해상 국립공원, 월출산 국립공원

② 다도해해상 국립공원, 월출산 국립공원

③ 한려해상 국립공원, 북한산 국립공원

④ 다도해해상 국립공원, 북한산 국립공원

20 다음에 설명하는 문화재는?

- 1983년 사적 제302호로 지정되었다.
- 매년 정월 대보름에 장군 임경업 비각에서 제를 올리고 민속행사가 열린다.

① 경주 양동마을   ② 아산 외암마을

③ 순천 낙안읍성   ④ 고성 왕곡마을

>>>>>>>> 18.④ 19.② 20.③

ADVICE

18 ㉠, ㉡은 용암동굴이다.

19 우리나라 국립공원 중 면적이 가장 넓은 곳은 다도해 해상국립공원으로 2,266.221km²(육지 291.023km², 해상 1,975.198km²)에 달하며, 가장 좁은 곳은 월출산 국립공원으로 면적은 56.22km²이다.

20 사적 제302호는 순천 낙안읍성이다.

21 조선왕조의궤에 관한 설명으로 옳지 않은 것은?

① 의궤(儀軌)란 의식(儀式)의 궤범(軌範)이라는 뜻이다.

② 왕실의 중요행사를 문자와 그림으로 정리한 국가기록물이다.

③ 세종 때 최초로 편찬하여 일제강점기까지 계속 기록되어 있다.

④ 조선왕조 의식의 변화뿐 아니라 동아시아 지역의 문화를 비교할 수 있는 사료이다.

22 우리나라 전통도자기에 관한 설명으로 옳지 않은 것은?

① 도자기 종류에는 토기, 청자, 백자 등이 있다.

② 도자기에 문양을 만드는 기법에는 상감, 양각, 음각 등이 있다.

③ 조선청자에는 백자 태토에 철분이 함유된 유약을 입힌 것도 있다.

④ 고려청자는 몽고의 침입으로 청자 제작 기술이 더욱 발전되었다.

23 우리나라 전통 건축물에 관한 설명으로 옳은 것은?

① 다포 양식은 공포(栱包)가 기둥 위에만 있다.

② 다포 양식의 목조 건물에는 숭례문, 경복궁 근정전이 있다.

③ 주심포 양식의 목조 건물에는 화엄사 각황전, 통도사 대웅전이 있다.

④ 주심포 양식은 공포를 기둥 위뿐 아니라 기둥 사이에도 설치하는 건축 양식이다.

〉〉〉〉〉〉〉〉〉 21.③ 22.④ 23.②

ADVICE

21 ③ 조선왕조의궤는 조선 왕조가 세워진 첫해부터 멸망 때까지 519년에 걸쳐 완성한 기록이다.

22 ④ 고려청자는 몽고의 침입 이후부터 쇠퇴하여 조선 초기의 분청사기로 계승되었다.

23 ①④ 기둥 위에만 공포가 있는 것은 주심포 양식이다. 다포 양식은 기둥 위, 기둥과 기둥 사이에 공포가 여러 개 있는 형태이다.

③ 주심포 양식의 대표적인 건물로는 통도사 대웅전, 봉정사 극락전, 부석사 무량수전, 수덕사 대웅전 등이 있다. 화엄사 각황전은 다포 양식의 건물이다.

24 강릉단오제에 관한 설명으로 옳지 않은 것은?

① 음력 5월 15일 전후로 1주일간 개최된다.

② 다른 지역 단오제와 상이한 신화체계를 가지고 있다.

③ 강릉관노가면극이 공연된다.

④ 2005년 유네스코 인류무형문화유산으로 등재되었다.

25 국가무형문화재가 아닌 것은?

① 고성농요　　　　　　　　　　　② 북청사자놀음

③ 해녀　　　　　　　　　　　　　④ 남도노동요

〉〉〉〉〉〉〉〉　24.①　25.④

ADVICE

24 ① 강릉단오제는 음력 5월 5일을 전후로 1주일 간 개최된다.

25 ④ 남도노동요는 전라남도 무형문화재 제5호이다.
　　① 국가무형문화재 제84-1호
　　② 국가무형문화재 제15호
　　③ 국가무형문화재 제132호

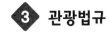 **관광법규**

26 관광기본법상 지방자치단체의 책무에 해당하는 것은?

① 관광에 관한 국가시책에 필요한 시책을 강구하여야 한다.

② 외국 관광객의 유치를 촉진하기 위하여 해외 홍보를 강화하고 출입국 절차를 개선하며 그 밖에 필요한 시책을 강구하여야 한다.

③ 매년 관광진흥에 관한 시책과 동향에 대한 보고서를 정기국회가 시작하기 전까지 국회에 제출하여야 한다.

④ 관광에 대한 국민의 이해를 촉구하여 건전한 국민관광을 발전시키는 데에 필요한 시책을 강구하여야 한다.

27 관광진흥개발기금법령상 관광진흥개발기금의 대여 신청을 거부하거나 그 대여를 취소할 수 있는 사유에 해당하는 것을 모두 고른 것은?

> ㉠ 거짓으로 대여를 신청한 경우
> ㉡ 「관광진흥법」에 따른 등록·허가·지정 또는 사업계획 승인 등의 취소 또는 실효 등으로 기금의 대여자격을 상실하게 된 경우
> ㉢ 대여조건을 이행하지 아니한 경우
> ㉣ 잘못 지급된 경우

① ㉠, ㉢

② ㉠, ㉡, ㉣

③ ㉡, ㉢, ㉣

④ ㉠, ㉡, ㉢, ㉣

>>>>>>>> **26.① 27.④**

ADVICE

26 지방자치단체는 관광에 관한 국가시책에 필요한 시책을 강구하여야 한다〈「관광기본법」 제6조(지방자치단체의 협조)〉.

27 목적 외의 사용 금지 등〈「관광진흥개발기금법」 제11조 제3항〉 ⋯ 문화체육관광부장관은 기금의 대여를 신청한 자 또는 기금의 대여를 받은 자가 다음의 어느 하나에 해당하면 그 대여 신청을 거부하거나, 그 대여를 취소하고 지출된 기금의 전부 또는 일부를 회수한다.
㉠ 거짓이나 그 밖의 부정한 방법으로 대여를 신청한 경우 또는 대여를 받은 경우
㉡ 잘못 지급된 경우
㉢ 「관광진흥법」에 따른 등록·허가·지정 또는 사업계획 승인 등의 취소 또는 실효 등으로 기금의 대여자격을 상실하게 된 경우
㉣ 대여조건을 이행하지 아니한 경우
㉤ 그 밖에 대통령령으로 정하는 경우(기금을 대여받은 후 「관광진흥법」에 따른 등록 또는 변경등록이나 사업계획 변경승인을 받지 못하여 기금을 대여받을 때에 지정된 목적 사업을 계속하여 수행하는 것이 현저히 곤란하거나 불가능한 경우)

28 국제회의산업 육성에 관한 법령상 국제회의 전담조직의 업무가 아닌 것은?

① 국제회의의 유치 및 개최 지원

② 국제회의산업의 국외 홍보

③ 국제회의 관련 정보의 수집 및 배포

④ 국제회의시설에 부과되는 부담금 징수

29 관광진흥법령상 의료관광호텔업의 등록기준으로 옳지 않은 것은?

① 대지 및 건물의 소유권 또는 사용권을 확보하고 있을 것

② 객실별 면적이 15제곱미터 이상일 것

③ 의료관광객의 출입이 편리한 체계를 갖추고 있을 것

④ 의료관광객이 이용할 수 있는 취사시설이 객실별로 설치되어 있거나 층별로 공동취사장이 설치되어 있을 것

>>>>>>>> 28.④ 29.②

ADVICE

28 국제회의 전담조직의 업무〈「국제회의산업 육성에 관한 법률 시행령」 제9조〉
  ㉠ 국제회의의 유치 및 개최 지원
  ㉡ 국제회의산업의 국외 홍보
  ㉢ 국제회의 관련 정보의 수집 및 배포
  ㉣ 국제회의 전문인력의 교육 및 수급(需給)
  ㉤ 지방자치단체의 장이 설치한 전담조직에 대한 지원 및 상호 협력
  ㉥ 그 밖에 국제회의산업의 육성과 관련된 업무

29 의료관광호텔업
  ㉠ 의료관광객이 이용할 수 있는 취사시설이 객실별로 설치되어 있거나 층별로 공동취사장이 설치되어 있을 것
  ㉡ 욕실이나 샤워시설을 갖춘 객실이 20실 이상일 것
  ㉢ 객실별 면적이 19제곱미터 이상일 것
  ㉣ 「교육환경 보호에 관한 법률」에 따른 영업이 이루어지는 시설을 부대시설로 두지 않을 것
  ㉤ 의료관광객의 출입이 편리한 체계를 갖추고 있을 것
  ㉥ 외국어 구사인력 고용 등 외국인에게 서비스를 제공할 수 있는 체제를 갖추고 있을 것
  ㉦ 의료관광호텔 시설(의료관광호텔의 부대시설로 「의료법」 제3조제1항에 따른 의료기관을 설치할 경우에는 그 의료기관을 제외한 시설을 말한다)은 의료기관 시설과 분리될 것. 이 경우 분리에 관하여 필요한 사항은 문화체육관광부장관이 정하여 고시한다.
  ㉧ 대지 및 건물의 소유권 또는 사용권을 확보하고 있을 것
  ㉨ 의료관광호텔업을 등록하려는 자가 다음의 구분에 따른 요건을 충족하는 외국인환자 유치 의료기관의 개설자 또는 유치업자일 것

30 관광진흥법령상 카지노사업자에게 금지되는 행위에 해당하지 않는 것은?

① 허가받은 전용영업장 외에서 영업을 하는 행위

②「해외이주법」에 따른 해외이주자를 입장하게 하는 행위

③ 19세 미만인 자를 입장시키는 행위

④ 정당한 사유 없이 그 연도 안에 60일 이상 휴업하는 행위

31 관광진흥법령상 1년 이하의 징역 또는 1천만원 이하의 벌금에 처하는 경우가 아닌 것은?

① 허가받은 사항에 대해 유원시설업의 변경허가를 받지 아니하고 영업을 한 자

② 유기시설로 인하여 사망자가 발생하였음에도 이를 특별자치도지사 · 시장 · 군수 · 구청장에게 통보하지 아니한 유원시설업자

③ 안전성검사를 받지 아니하고 안전성검사 대상 유기시설을 설치한 자

④ 신고를 하지 아니하고 기타유원시설업의 영업을 한 자

〉〉〉〉〉〉〉〉 30.② 31.②

ADVICE

30 카지노사업자 등의 준수 사항〈「관광진흥법」 제28조 제1항〉 … 카지노사업자(대통령령으로 정하는 종사원을 포함)는 다음의 어느 하나에 해당하는 행위를 하여서는 아니 된다.
 ㉠ 법령에 위반되는 카지노기구를 설치하거나 사용하는 행위
 ㉡ 법령을 위반하여 카지노기구 또는 시설을 변조하거나 변조된 카지노기구 또는 시설을 사용하는 행위
 ㉢ 허가받은 전용영업장 외에서 영업을 하는 행위
 ㉣ 내국인(「해외이주법」에 따른 해외이주자는 제외)을 입장하게 하는 행위
 ㉤ 지나친 사행심을 유발하는 등 선량한 풍속을 해칠 우려가 있는 광고나 선전을 하는 행위
 ㉥ 영업 종류에 해당하지 아니하는 영업을 하거나 영업 방법 및 배당금 등에 관한 신고를 하지 아니하고 영업하는 행위
 ㉦ 총매출액을 누락시켜 관광진흥개발기금 납부금액을 감소시키는 행위
 ㉧ 19세 미만인 자를 입장시키는 행위
 ㉨ 정당한 사유 없이 그 연도 안에 60일 이상 휴업하는 행위

31 ② 유기시설로 인하여 사망자가 발생하였음에도 이를 특별자치도지사 · 시장 · 군수 · 구청장에게 통보를 하지 아니한 자에게는 500만 원 이하의 과태료를 부과한다.

32 관광진흥법령상 유원시설업의 조건부 영업허가에 관한 설명으로 옳은 것은?

① 특별자치도지사·시장·군수·구청장은 5년의 범위에서 문화체육관광부령으로 정하는 시설 및 설비를 갖출 것을 조건으로 영업허가를 할 수 있다.

② 천재지변의 경우에는 해당 사업자의 신청에 따라 허가 조건에 해당하는 시설과 설비를 갖추어야 할 기간을 여러 차례 연장할 수 있다.

③ 특별자치도지사·시장·군수·구청장은 조건부 영업허가를 받은 자가 정당한 사유 없이 정해진 기간 내에 허가 조건을 이행하지 아니한 경우라도 그 허가를 즉시 취소할 수는 없다.

④ 조건부 영업허가를 받은 자는 허가 조건에 해당하는 필요한 시설 및 기구를 갖춘 경우 그 내용을 특별자치도지사·시장·군수·구청장에게 다시 허가받아야 한다.

33 관광진흥법령상 한국관광협회중앙회의 업무 중 문화체육관광부장관의 허가를 받아야 하는 것은?

① 관광 통계

② 회원의 공제사업

③ 국가나 지방자치단체로부터 위탁받은 업무

④ 관광안내소의 운영

>>>>>>>> 32.① 33.②

ADVICE

32 ② 조건부 영업허가〈「관광진흥법」 제31조〉 … 천재지변이나 그 밖의 부득이한 사유가 있다고 인정하는 경우에는 해당 사업자의 신청에 따라 한 차례에 한하여 1년을 넘지 아니하는 범위에서 그 기간을 연장할 수 있다.

③ 특별자치시장·특별자치도지사·시상·군수·구청상은 소선부 엉업허가를 받은 사가 정당한 사유 없이 정해진 기간 내에 허가 조건을 이행하지 아니하면 그 허가를 즉시 취소하여야 한다.

④ 조건부 영업허가를 받은 자는 정해진 기간 내에 허가 조건에 해당하는 필요한 시설 및 기구를 갖춘 경우 그 내용을 특별자치시장·특별자치도지사·시장·군수·구청장에게 신고하여야 한다.

33 한국관광협회중앙회 업무〈「관광진흥법」 제43조 제1항, 제2항〉

㉠ 협회는 다음 의 업무를 수행한다.
  • 관광사업의 발전을 위한 업무
  • 관광사업 진흥에 필요한 조사·연구 및 홍보
  • 관광 통계
  • 관광종사원의 교육과 사후관리
  • 회원의 공제사업
  • 국가나 지방자치단체로부터 위탁받은 업무
  • 관광안내소의 운영
  • 위의 규정에 의한 업무에 따르는 수익사업

㉡ 회원의 공제사업은 문화체육관광부장관의 허가를 받아야 한다.

34 관광진흥법령상 지역관광협의회(이하 "협의회"라 한다)의 설립에 관한 설명으로 옳지 않은 것은?

① 관광사업자, 관광 관련 사업자, 관광 관련 단체, 주민 등은 공동으로 광역 및 기초 지방자치단체 단위의 협의회를 설립할 수 있다.

② 협의회를 설립하려는 자는 해당 지방자치단체의 장의 허가를 받아야 한다.

③ 협의회는 지역관광 홍보 및 마케팅 지원 업무에 따르는 수익사업을 수행할 수 없다.

④ 협의회의 설립 및 지원 등에 필요한 사항은 해당 지방자치단체의 조례로 정한다.

35 관광진흥법령상 관광특구에 관한 설명으로 옳지 않은 것은?

① 관광특구는 시장·군수·구청장의 신청(특별자치도의 경우는 제외한다)에 따라 시·도지사가 지정한다.

② 특별자치도지사·시장·군수·구청장은 관할 구역 내 관광특구를 방문하는 외국인 관광객의 유치 촉진 등을 위하여 관광특구진흥계획을 수립하고 시행하여야 한다.

③ 관광특구로 지정하기 위해서는 최근 1년간 외국인 관광객 수가 5만명 이상이어야 한다.

④ 관광특구 안에서는 「식품위생법」 제43조에 따른 영업제한에 관한 규정을 적용하지 아니한다.

>>>>>>>> 34.③ 35.③

ADVICE

34 ③ 지역관광협의회 설립〈「관광진흥법」 제48조의9 제4항〉 … 협의회는 지역관광 홍보 및 마케팅 지원 업무에 따르는 수익사업을 수행할 수 있다.
   ※ 지역관광협의회의 업무
      ㉠ 지역의 관광수용태세 개선을 위한 업무
      ㉡ 지역관광 홍보 및 마케팅 지원 업무
      ㉢ 관광사업자, 관광 관련 사업자, 관광 관련 단체에 대한 지원
      ㉣ ㉠부터 ㉢까지의 업무에 따르는 수익사업
      ㉤ 지방자치단체로부터 위탁받은 업무

35 ③ 관광특구로 지정하기 위해서는 해당 지역의 최근 1년 간 외국인 관광객 수가 10만명(서울특별시는 50만 명) 이상이어야 한다.

④ 관광학개론

36 우리나라 국립공원으로 지정되지 않은 것은?

① 칠갑산

② 태백산

③ 월악산

④ 무등산

37 중국이 처음으로 우리나라 제1위의 입국자 수를 기록한 연도는?

① 2011년

② 2012년

③ 2013년

④ 2014년

38 제3차 관광개발기본계획(2012~2021)의 광역 관광권 개발 추진 전략으로 옳지 않은 것은?

① 수도관광권 – 미래를 선도하는 동북아 관광허브

② 충청관광권 – 3대 문화 · 역사관광의 거점

③ 호남관광권 – 아시아를 대표하는 문화관광 중추지역

④ 부 · 울 · 경관광권 – 해양레저 · 크루즈관광 중추지역

>>>>>>>> **36.① 37.③ 38.②**

ADVICE

36 ① 칠갑산은 국립공원으로 지정되지 않았다.

37 중국이 처음으로 우리나라 제1위의 입국자 수를 기록한 것은 2013년이다. 2012년 2,731,121명이었던 중국인 입국자는 2013년 약 43.6% 증가한 3,923,190명으로 2,715,451명인 일본을 제치고 1위를 기록했다.

38 광역관광권 추진 전략
  ㉠ 수도 관광권 : 미래를 선도하는 동북아 관광허브
  ㉡ 충청 관광권 : 과학기술과 관광이 결합된 융합관광의 거점
  ㉢ 호남 관광권 : 아시아를 대표하는 문화관광 중추지역
  ㉣ 대구 · 경북 관광권 : 3대 문화 역사관광의 거점
  ㉤ 부 · 울 · 경 관광권 : 해양레저 · 크루즈관광 중추지역
  ㉥ 강원 관광권 : 생태 · 웰빙관광 및 동계스포츠의 메카
  ㉦ 제주 관광권 : 글로벌 경쟁력을 갖춘 자연유산관광 및 MICE산업의 중심

39 2017년 기준 호텔업 등급 결정사업에 관한 설명으로 옳지 않은 것은?

① 호텔산업 질적 성장을 위해 실시한다.
② 호텔업 등급평가 대상은 4년마다 등급평가를 받아야 한다.
③ 등급결정업무는 한국관광공사가 수탁·수행한다.
④ '별' 등급체계를 사용한다.

40 우리나라 카지노업에 관한 설명으로 옳지 않은 것은?

① 1967년 인천 소재 올림포스 호텔이 카지노를 최초로 개설하였다.
② 2016년 12월 기준, 전국 카지노 업체별 입장객은 강원랜드가 가장 많다.
③ 2000년 10월 개관한 강원랜드는 「폐광지역개발지원에관한특별법」에 의거 한시적으로 내국인 출입이 허용되고 있다.
④ 1994년 8월 이후, 전국의 카지노 사업 허가권, 지도·감독권은 경찰청에서 가지고 있다.

41 우리나라 컨벤션센터와 소재지 연결이 옳지 않은 것은?
① DCC – 대구
② CECO – 창원
③ BEXCO – 부산
④ HICO – 경주

---

42 우리나라 저비용 항공사의 IATA와 ICAO 기준 코드로 옳은 것은?

	IATA	ICAO
① 이스타 :	ZE	ESR
② 진에어 :	JL	JJA
③ 에어부산 :	BR	ABL
④ 제주항공 :	LJ	JNA

43 관광종사원 국가자격시험으로 옳지 않은 것은?

① 국내여행안내사　　　　　　　　② 호텔서비스사
③ 컨벤션기획사　　　　　　　　　④ 호텔경영사

44 대안 관광(Alternative Tourism)의 형태로 옳지 않은 것은?

① 생태관광(Eco Tourism)

② 녹색관광(Green Tourism)

③ 연성관광(Soft Tourism)

④ 대중관광(Mass Tourism)

>>>>>>>> 42.① 43.③ 44.④

ADVICE

42 ② 진에어 : LJ, JNA
　　③ 부산에어 : BX, ABL
　　④ 제주항공 : 7C, JJA

43 관광종사원은 관광통역안내사, 국내여행안내사, 호텔경영사, 호텔관리사, 호텔서비스사 총 다섯 가지로 분류된다.

44 대안관광이란 관광객의 대량 이동과 관광 활동으로 야기되는 부정적 영향을 최소화시키고자 하는 관광의 새로운 형태로 생태관광, 연성관광, 녹색관광 등이 해당한다.

45 기능적 관광매체가 아닌 것은?

① 관광선전   ② 관광통역안내업

③ 관광지   ④ 관광정보

46 관광사업의 특성이 아닌 것은?

① 복합성   ② 비민감성

③ 공익성   ④ 서비스성

47 정량적인 관광 수요 예측방법으로 옳지 않은 것은?

① 회귀분석법   ② 시계열분석법

③ 델파이기법   ④ 중력모형

>>>>>>>> **45.③ 46.② 47.③**

ADVICE

45 ③ 관광지는 관광객체이다.

※ **관광매체**
  ㉠ **시간적 매체** : 숙박시설, 휴식시설, 오락시설 등
  ㉡ **공간적 매체** : 교통기관, 도로, 운수시설 등
  ㉢ **기능적 매체** : 여행업, 통역안내업, 관광기념품 판매업, 관광선전 등

46 ② 관광사업은 민감성을 가진다.

47 ③ 델파이기법은 정성적인 수요 예측방법이다.

48 국제관광기구의 약어에 대한 표기로 옳지 않은 것은?

① UNWTO – 세계관광기구

② PATA – 아시아 · 태평양 관광협회

③ ASTA – 미주여행업협회

④ APEC – 세계여행관광협의회

49 국제관광의 긍정적인 효과로 옳지 않은 것은?

① 세계평화에 기여

② 국민경제적 향상효과

③ 고용창출 및 증대효과

④ 일탈행동의 증가

50 관광마케팅의 발전 과정으로 옳은 것은?

㉠ 상품 지향적 마케팅	㉡ 판매 지향적 마케팅
㉢ 사회 지향적 마케팅	㉣ 고객 지향적 마케팅

① ㉠ – ㉡ – ㉢ – ㉣

② ㉠ – ㉡ – ㉣ – ㉢

③ ㉢ – ㉠ – ㉡ – ㉣

④ ㉢ – ㉡ – ㉣ – ㉠

>>>>>>>> 48.④ 49.④ 50.②

ADVICE

48 ④ 세계여행관광협의회는 WTTC(The World Travel & Tourism Council)이다.

49 ④ 일탈행동의 증가는 부정적인 효과이다.

50 관광마케팅 발전 과정
상품 지향적 마케팅→판매 지향적 마케팅→고객 지향적 마케팅→사회 지향적 마케팅

2018년 기출문제분석

 국사

1 밑줄 친 '이 시대'에 관한 설명으로 옳은 것은?

> <u>이 시대</u> 사람들은 강가나 바닷가에 살면서 물고기를 잡거나 사냥을 하였다. 초기에 식물의 열매나 뿌리를 채취하여 먹는 생활을 하다가, 뒤에는 농사를 짓고 가축도 기르게 되었다.

① 계절에 따라 이동 생활을 하며 동굴에서 살았다.
② 검은 간토기와 덧띠 토기를 사용하였다.
③ 고인돌에 비파형 동검 등을 부장하였다.
④ 특정 동물을 자기 부족의 기원과 연결시켜 숭배하였다.

>>>>>>>> 1.④

ADVICE

1 '농사를 짓고 가축도 기르게 되었다' 부분을 통해 신석기 시대임을 알 수 있다.
④ 특정 동물을 자기 부족의 기원과 연결시켜 숭배하는 토테미즘 같은 원시신앙이 등장한 것은 신석기 시대이다.
① 구석기 ② 철기 ③ 청동기

2 ( )에 해당하는 왕은?

> ( )는/은 장수 장문휴를 보내 당나라의 등주자사 위준을 공격하게 하였다. 이에 당나라에서 대문예를 파견하여 발해를 토벌하게 하는 동시에, 신라로 하여금 발해의 남쪽 경계를 치게 하였다.

① 고왕   ② 무왕

③ 문왕   ④ 선왕

3 다음과 같은 지방제도를 실시한 국가에 관한 설명으로 옳지 않은 것은?

> • 지방의 읍(邑)을 담로라고 불렀다.
> • 5방이 있으며, 방마다 몇 개의 군을 관할하였다.

① 상대등이 귀족회의를 주관하면서 왕권을 견제하였다.

② 좌평을 비롯한 16등급의 관리가 나랏일을 맡아 보았다.

③ 지배층은 왕족인 부여씨와 8성의 귀족으로 이루어졌다.

④ 중국의 남조와 활발하게 교류하고 일본에 불교를 전해주었다.

>>>>>>>>> 2.② 3.①

ADVICE

2 장수 장문휴를 보내 당의 등주(산동반도) 지방을 공격한 것은 발해의 무왕 14년(732)의 일이다. 이에 당나라에서는 대문예를 파견하여 토벌하게 하는 동시에, 신라 성덕왕으로 하여금 발해의 남쪽 경계를 치게 하였다.

3 22담로와 5방은 백제의 지방제도이다.
① 신라에 대한 설명이다.

4 ( )에 관한 설명으로 옳은 것은?

> ( )는/은 성덕왕 3년(704)에 한산주 도독이 되었으며, 전기 몇 권을 지었다. 그가 쓴 「고승전」, 「화랑세기」, 「악본」, 「한산기」 등이 아직도 남아 있다.
>
> -「삼국사기」-

① 외교 문서를 잘 지은 문장가로 유명하였다.
② 이두를 정리하여 한문 교육의 보급에 공헌하였다.
③ 진골 신분으로 신라의 문화를 주체적으로 인식하려 하였다.
④ 당의 빈공과에 급제하고 귀국하여 시무 개혁안을 건의하였다.

5 「삼국사기」에 관한 설명으로 옳지 않은 것은?

① 유교적 합리주의 사관에 기초하였다.
② 기전체로 서술하였다.
③ 현존하는 우리나라 최고(最古)의 역사서이다.
④ 단군신화가 수록되어 있다.

6 고려 광종 때에 실시한 정책이 아닌 것은?

① 과거 제도 시행
② 노비안검법 실시
③ 광덕, 준풍 등의 연호 사용
④ 2성 6부제 중심의 중앙 관제 정비

>>>>>>>> 4.③ 5.④ 6.④

ADVICE

4 괄호 안에 들어갈 인물은 통일신라 시대의 역사가인 김대문이다.
　① 최치원, 설총과 함께 신라 3대 문장가 중 하나인 강수에 대한 설명이다.
　② 설총에 대한 설명이다.
　④ 최치원에 대한 설명이다.

5 ④ 단군신화가 수록된 것은 「삼국유사」이다.

6 ④ 당나라의 3성 6부제를 변형한 2성 6부제를 도입하여 중앙 관제를 정비한 것은 고려 6대 왕인 성종 때이다.

7 다음 사건을 발생한 순서대로 바르게 나열한 것은?

> ⊙ 무신정변
> ⓒ 위화도 회군
> ⓛ 묘청의 난
> ⓔ 강화도 천도

① ⊙ – ⓛ – ⓒ – ⓔ
② ⊙ – ⓔ – ⓛ – ⓒ
③ ⓛ – ⊙ – ⓔ – ⓒ
④ ⓛ – ⓒ – ⊙ – ⓔ

8 다음은 모두 어느 왕대의 일인가?

> • 계미자 주조
> • 호패법 실시
> • 6조 직계제 시행

① 태조
② 태종
③ 세종
④ 성종

ADVICE

7 ⓛ **묘청의 난** : 1135년(인종 13) 묘청 등이 서경(평양)에서 일으킨 반란
　ⓒ **무신정변** : 1170년(의종24) 정중부 등의 무신들이 정변을 일으켜 정권을 장악
　ⓔ **강화도 천도** : 1232년(고종 19) 몽골에 대항하기 위해 강화로 천도
　ⓒ **위화도 회군** : 1388년(우왕 14)에 이성계가 위화도에서 군사를 돌려 권력을 장악

8 제시된 내용은 모두 조선 태종 때의 일이다.
　• 계미자 주조 : 1403년(태종 3) 주자소 설치, 계미자 주조
　• 호패법 실시 : 1402년(태종 2) 조세와 군역 파악, 왕권강화
　• 6조 직계제 시행 : 1414년(태종 14) 왕권강화

9 다음 설명에 해당하는 사건은?

> 사관 김일손이 사초에 '조의제문'을 실은 것이 문제가 되어 많은 사람이 피해를 입었다.

① 무오사화　　　　　　　　　　② 갑자사화
③ 기묘사화　　　　　　　　　　④ 을사사화

10 조선 후기의 농업 경제에 관한 옳은 설명만을 모두 고른 것은?

> ㉠ 농사직설과 같은 농서가 간행되었다.
> ㉡ 한 집에서 넓은 토지를 경영하는 광작이 성행하였다.
> ㉢ 지대 납부 방식이 도조법에서 타조법으로 변화되었다.
> ㉣ 담배, 인삼과 같은 작물이 재배되어 상품화되기도 하였다.

① ㉠, ㉡　　　　　　　　　　② ㉠, ㉢
③ ㉡, ㉣　　　　　　　　　　④ ㉢, ㉣

>>>>>>>>> 9.① 10.③

ADVICE

9 「조의제문」은 조선 전기의 학자 김종직이 수양대군(세조)의 왕위 찬탈을 비난한 글이다. 김종직의 제자인 사관 김일손이 사초에 이를 수록하였고, 이것이 계기가 무오사화가 발생한다. 무오사화로 인해 김종직은 부관참시를 당하였고, 김일손 등 많은 사림파 인물들이 참수되었다.

10 ㉠ 「농사직설」은 조선 세종 때 편찬된 농서이다.
　　㉢ 도조법은 일정액의 소작료를 미리 정해 지대로 납부하는 것으로 지주전호제나 병작 반수제에 비해 소작인에게 유리한 제도이다. 타조법은 지주가 농지를 대여해 주고 그 대가로서 추수기에 수확량의 절반을 징수하던 소작제도로 도조법에 비해 지주에게 유리하다. 조선 후기에는 소작쟁의 등을 통해 지대 납부 방식이 타조법에서 도조법으로 변화되었다.

11 다음 설명에 해당하는 단체는?

- 양기탁, 안창호 등이 조직 주도
- 비밀결사 형태로 조직
- 105인 사건을 계기로 와해

---

① 신민회   ② 신간회

③ 보안회   ④ 근우회

12 다음 내용과 모두 관련된 인물은?

- '국혼' 강조
- 「한국통사」 저술
- 유교구신론 주장

---

① 박은식   ② 신채호

③ 안재홍   ④ 정인보

〉〉〉〉〉〉〉〉〉 11.①   12.①

ADVICE

11 제시된 설명에 해당하는 단체는 신민회이다. 신민회는 1907년에 국내에서 결성된 항일 비밀결사로, 일제가 보안법·신문지법 등을 만들어 반일적 색채를 띤 계몽운동을 탄압하자 이에 대항하여 국권회복운동을 펼치기 위해 사회계몽운동가들이 비밀리에 조직한 단체이다.

12 제시된 내용은 박은식과 관련된 설명이다. 박은식은 그의 저서인 「한국통사」나 논문 등을 통해 '국혼'을 강조하였으며, 유교의 문제점을 지적하고 유교를 개혁 발전시켜야 한다는 '유교구신론'을 주장하였다.

13 시간 순서상 가장 마지막에 일어난 사건은?

① 자유시 참변
② 대한민국 임시정부의 한국광복군 창설
③ 대한독립군 연합부대의 봉오동 전투
④ 조선혁명군 연합부대의 영릉가 전투

14 5 · 10 총선거 이전에 있었던 사실이 아닌 것은?

① 좌우합작 7원칙 발표
② 모스크바 3국 외상 회의 개최
③ 조선건국준비위원회 결성
④ 반민족 행위 처벌법 제정

15 실학자와 그의 저서가 바르게 연결되지 않은 것은?

① 유수원 – 우서　　　　　　　② 박지원 – 북학의
③ 홍대용 – 임하경륜　　　　　④ 유형원 – 반계수록

>>>>>>>> **13.②　14.④　15.②**

ADVICE

13 봉오동 전투(1920) → 자유시 참변(1921) → 영릉가 전투(1932) → 한국광복군 창설(1940)

14 5 · 10 총선거는 1948년 5월 10일 미군정법령에 따라 대한민국 제헌국회를 구성하기 위해 실시한 국회의원선거로 남한에서만 실시되었다.
　① 좌우합작 7원칙 발표 : 1946. 10.
　② 모스크바 3국 외상 회의 개최 : 1945. 12.
　③ 조선건국준비위원회 결성 : 1945. 8.
　④ 반민족 행위 처벌법 제정 : 1948. 9.

15 ② 「북학의」는 1778년(정조 2) 실학자 박제가가 청나라의 풍속과 제도를 시찰하고 돌아와서 그 견문한 바를 쓴 책이다. 박지원의 대표적인 저서로는 「열하일기」가 있다.

2 관광자원해설

16 다음 설명에 해당하는 해설기법은?

> • 역사적 시기 · 생활 · 사건들을 다시 나타내 보이는 기법이다.
> • 주제를 이해시키는데 효과적이다.
> • 준비기간이 많이 소요되는 단점이 있다.

① 동행 해설기법　　　　　　　　② 담화 해설기법
③ 재현 해설기법　　　　　　　　④ 매체이용 해설기법

17 국내 유일의 사적(도시)형 국립공원은?

① 경주 국립공원　　　　　　　　② 덕유산 국립공원
③ 북한산 국립공원　　　　　　　④ 태안해안 국립공원

>>>>>>>>> 16.③　17.①

ADVICE

16 ③ 제시된 내용은 재현 해설기법에 대한 설명이다.
　① 동행 해설기법은 해설자가 방문객과 함께 걸으며 해설하는 고전적 방법으로, 해설자가 관광객에게 흥미를 제공하거나 동기를 부여할 수 있으며 관광객은 궁금한 사항에 대하여 즉각적으로 물어 볼 수 있다는 장점이 있다. 소규모 그룹의 경우에 효과적이다.
　② 담화 해설기법은 안내자 해설의 대표로 대화기능을 이용하는 것이다. 말, 몸짓, 표정 등을 통해 관광객의 감동을 유도하는 과정에서 해설자의 감수성과 관광객의 이해수준 간의 상관성을 가진다.
　④ 매체이용 해설기법은 비인적기법으로 오디오, 비디오 등의 매체를 이용하여 해설을 하는 방법이다.

17 국내 유일의 사적(도시)형 국립공원은 경주 국립공원이다.

18 다음 설명에 해당하는 온천은?

> • 관광특구로 지정된 라듐성 유황온천이다.
> • 국내에서 최고수온이 가장 높다.
> • 「동국통감」의 고려기에 '영산온정'이라 기록되어 있다.

① 수안보 온천　　　　　　　　② 부곡 온천

③ 유성 온천　　　　　　　　　④ 백암 온천

19 지역과 특산물의 연결이 옳지 않은 것은?

① 강화 – 화문석　　　　　　　② 한산 – 세모시

③ 남원 – 목기공예품　　　　　④ 영양 – 누에가루

20 다음 설명에 해당하는 것은?

> • 국가무형문화재 제9호이다.
> • 백제장군과 병졸의 원혼을 위로하고자 시작되었다.
> • 장군제(將軍祭)의 성격을 띤다.

① 우륵문화제　　　　　　　　② 개천예술제

③ 은산별신제　　　　　　　　④ 행주문화제

>>>>>>>> 18.② 19.④ 20.③

ADVICE

18 제시된 설명에 해당하는 온천은 경남 창녕군에 있는 부곡온천이다. 부곡온천은 온천수의 온도가 약 78도에 이르는 우리 나라에서 가장 뜨거운 온천이다.

19 ④ 영양 지역의 특산물로는 고추가 있다. 누에가루는 서산, 공주 지역의 특산물이다.

20 제시된 내용은 은산별신제에 대한 설명이다.
　① 충북 충주에서 열리는 예술문화제
　② 경남 진주에서 열리는 문화예술제
　④ 경기도 고양에서 열리는 문화예술제

21 국가지정문화유산으로서 사적의 지정조건으로 옳지 않은 것은?

① 저명한 건물 또는 정원 및 중요한 전설지 등으로서 종교·교육·생활·위락 등과 관련된 경승지일 것

② 국가의 중대한 역사적 사건과 깊은 연관성을 가지고 있을 것

③ 국가에 역사적·문화적으로 큰 영향을 미친 저명한 인물의 삶과 깊은 연관성이 있을 것

④ 선사시대 또는 역사시대의 사회·문화생활을 이해하는 데 중요한 정보를 가질 것

>>>>>>>> 21.①

ADVICE

21 사적의 지정기준〈「문화유산의 보존 및 활용에 관한 법률 시행령」 별표 1의2. 국가지정문화유산의 지정기준 참조〉

  ㉠ ㉡의 어느 하나에 해당하는 문화유산으로서 다음 중 어느 하나 이상의 가치를 충족하는 것

  • **역사적 가치**
  – 정치·경제·사회·문화·종교·생활 등 각 분야에서 세계적, 국가적 또는 지역적으로 그 시대를 대표하거나 희소성
    과 상징성이 뛰어날 것
  – 국가에 역사적·문화적으로 큰 영향을 미친 저명한 인물의 삶과 깊은 연관성이 있을 것
  – 국가의 중대한 역사적 사건과 깊은 연관성을 가지고 있을 것
  – 특정 기간 동안의 기술 발전이나 높은 수준의 창의성 등 역사적 발전상을 보여줄 것

  • **학술적 가치**
  – 선사시대 또는 역사시대의 정치·경제·사회·문화·종교·생활 등을 이해하는 데 중요한 정보를 제공할 것
  – 선사시대 또는 역사시대의 정치·경제·사회·문화·종교·생활 등을 알려주는 유구(遺構: 인간의 활동에 의해 만들
    어진 것으로서 파괴되지 않고서는 움직일 수 없는 잔존물)의 보존상태가 양호할 것

  ㉡ 해당 문화유산의 유형별 분류기준
  • 조개무덤, 주거지, 취락지 등의 선사시대 유적
  • 궁터, 관아, 성터, 성터시설물, 병영, 전적지(戰蹟地) 등의 정치·국방에 관한 유적
  • 역사·교량·제방·가마터·원지(園池)·우물·수중유적 등의 산업·교통·주거생활에 관한 유적
  • 서원, 향교, 학교, 병원, 사찰, 절터, 교회, 성당 등의 교육·의료·종교에 관한 유적
  • 제단, 고인돌, 옛무덤(군), 사당 등의 제사·장례에 관한 유적
  • 인물유적, 사건유적 등 역사적 사건이나 인물의 기념과 관련된 유적

22 건축물과 관련된 용어와 이에 대한 설명이 바르게 연결된 것은?

① 주심포양식 – 기둥상부와 기둥사이에 모두 공포를 배치함

② 고래 – 방이나 솥에 불을 때기 위한 구멍을 지칭함

③ 배흘림기둥 – 기둥의 중간부가 가늘고 밑과 위가 굵은 형태임

④ 팔작지붕 – 우진각지붕 위에 맞배지붕을 올려놓은 모습으로, 용마루 부분이 삼각형의 벽을 형성함

23 화가와 작품의 연결이 옳지 않은 것은?

① 정선 – 금강전도

② 김홍도 – 인왕제색도

③ 김정희 – 세한도

④ 안견 – 몽유도원도

>>>>>>>> 22.④ 23.②

ADVICE

22 ① 주심포양식은 기둥상부에만 공포를 배치한다. 기둥상부와 기둥사이에 모두 공포를 배치하는 것은 다포양식이다.

② 고래는 방의 구들장 밑으로 나 있는, 불길과 연기가 통하여 나가는 길이다. 방이나 솥에 불을 때기 위한 구멍은 아궁이다.

③ 배흘림기둥은 기둥 중간 부분의 배가 약간 부르도록 한 형태이다.

23 ② 인왕제색도는 조선 후기의 화가 겸재 정선이 그린 진경산수화이다.

24 유네스코 지정 세계기록유산 중 지정 시기가 가장 빠른 것과 가장 늦은 것을 순서대로 나열한 것은?

> ㉠ 승정원일기   ㉡ 조선왕조실록
> ㉢ 조선 왕조 의궤   ㉣ 조선왕실 어보와 어책

① ㉠, ㉢   ② ㉡, ㉣
③ ㉢, ㉡   ④ ㉣, ㉠

25 남사당놀이에 관한 설명으로 옳지 않은 것은?

① 국가무형문화재이다.
② 꼭두쇠는 우두머리를 지칭한다.
③ '살판'은 줄타기를 이르는 말이다.
④ 놀이를 통해 양반의 부도덕성을 비판하였다.

〉〉〉〉〉〉〉〉 24.② 25.③

ADVICE

24 ㉠ 승정원일기 – 2001년
　　㉡ 조선왕조실록 – 1997년
　　㉢ 조선왕조 의궤 – 2007년
　　㉣ 조선왕실 어보와 어책 – 2017년

25 ③ 살판은 광대가 몸을 날려 넘는 땅재주를 이르는 말이다.

26 관광기본법상 관광진흥에 관한 기본계획 수립에 포함되어야 하는 내용으로 옳지 않은 것은?

① 관광진흥을 위한 정책의 기본방향
② 관광진흥을 위한 기반 조성에 관한 사항
③ 관광진흥과 관련된 지방자치단체의 역할 분담에 관한 사항
④ 관광진흥을 위한 제도 개선에 관한 사항

27 관광진흥개발기금법령상 납부금의 부과·징수 업무의 위탁기관으로 옳지 않은 것은?

① 「항만공사법」에 따른 항만공사
② 지방해양수산청장
③ 「항공사업법」에 따른 공항운영자
④ 「한국산업은행법」에 따른 한국산업은행

〉〉〉〉〉〉〉〉 26.③ 27.④

ADVICE

26 기본계획 수립에 포함되어야 하는 내용〈「관광기본법」 제3조(관광진흥계획의 수립) 제2항〉
  ㉠ 관광진흥을 위한 정책의 기본방향
  ㉡ 국내외 관광여건과 관광 동향에 관한 사항
  ㉢ 관광진흥을 위한 기반 조성에 관한 사항
  ㉣ 관광진흥을 위한 관광사업의 부문별 정책에 관한 사항
  ㉤ 관광진흥을 위한 재원 확보 및 배분에 관한 사항
  ㉥ 관광진흥을 위한 제도 개선에 관한 사항
  ㉦ 관광진흥과 관련된 중앙행정기관의 역할 분담에 관한 사항
  ㉧ 관광시설의 감염병 등에 대한 안전·위생·방역 관리에 관한 사항
  ㉨ 그 밖에 관광진흥을 위하여 필요한 사항

27 문화체육관광부장관은 납부금의 부과·징수 업무를 지방해양수산청장, 「항만공사법」에 따른 항만공사 및 「항공사업법」에 따른 공항운영자에게 각각 위탁한다〈「관광진흥개발기금법 시행령」 제22조(납부금 부과·징수 업무의 위탁)〉.

28 국제회의산업 육성에 관한 법령상 국제회의집적시설의 지정요건으로 옳지 않은 것은?

① 국제회의집적시설 지정 대상 지역 내에서 개최된 회의에 참가한 외국인이 지정일이 속한 연도의 전년도 기준 8천명 이상일 것

② 해당 시설이 국제회의복합지구 내에 있을 것

③ 해당 시설과 국제회의복합지구 내 전문회의시설 간의 업무제휴 협약이 체결되어 있을 것

④ 해당 시설 내에 외국인 이용자를 위한 안내체계와 편의시설을 갖출 것

29 관광진흥법령상 카지노업의 허가를 받을 수 있는 자는?

① 19세 미만인 자

②「외국환거래법」을 위반하여 금고 이상의 형을 선고받고 형이 확정된 자

③ 금고 이상의 실형을 선고받고 그 집행이 끝나거나 집행을 받지 아니하기로 확정된 후 2년이 지난 자

④ 금고 이상의 형의 선고유예를 받고 그 유예기간 중에 있는 자

>>>>>>>> **28.① 29.③**

28 국제회의집적시설의 지정요건〈「국제회의산업 육성에 관한 법률 시행령」 제13조의4 제1항〉

　㉠ 해당 시설(설치 예정인 시설을 포함)이 국제회의복합지구 내에 있을 것

　㉡ 해당 시설 내에 외국인 이용자를 위한 안내체계와 편의시설을 갖출 것

　㉢ 해당 시설과 국제회의복합지구 내 전문회의시설 간의 업무제휴 협약이 체결되어 있을 것

29 결격사유〈「관광진흥법」 제22조 제1항〉… 다음의 어느 하나에 해당하는 자는 카지노업의 허가를 받을 수 없다.

　㉠ 19세 미만인 자

　㉡「폭력행위 등 처벌에 관한 법률」에 따른 단체 또는 집단을 구성하거나 그 단체 또는 집단에 자금을 제공하여 금고 이상의 형을 선고받고 형이 확정된 자

　㉢ 조세를 포탈(逋脫)하거나 「외국환거래법」을 위반하여 금고 이상의 형을 선고받고 형이 확정된 자

　㉣ 금고 이상의 실형을 선고받고 그 집행이 끝나거나(집행이 끝난 것으로 보는 경우를 포함) 집행을 받지 아니하기로 확정된 후 2년이 지나지 아니한 자

　㉤ 금고 이상의 형의 집행유예를 선고받고 그 유예기간 중에 있는 자

　㉥ 금고 이상의 형의 선고유예를 받고 그 유예기간 중에 있는 자

　㉦ 임원 중에 ㉠부터 ㉥까지의 규정 중 어느 하나에 해당하는 자가 있는 법인

30 관광진흥법령상 여행업에 관한 설명으로 옳지 않은 것은?

① 일반여행업의 등록을 한 자는 기획여행을 실시할 수 있다.

② 문화체육관광부장관은 외국인 의료관광의 활성화를 위하여 외국인 의료관광 유치·지원 관련 기관에 관광진흥개발기금을 대여할 수 없다.

③ 여행업자는 여행일정을 변경하려면 여행자의 사전 동의를 받아야 한다.

④ 국외여행 인솔자의 자격요건을 갖춘 자가 내국인의 국외여행을 인솔하려면 문화체육관광부장관에게 등록하여야 한다.

31 관광진흥법령상 관광숙박업에 해당하지 않는 것은?

① 가족호텔업

② 호스텔업

③ 외국인관광 도시민박업

④ 소형호텔업

〉〉〉〉〉〉〉〉 30.② 31.③

ADVICE

30 ② 문화체육관광부장관은 외국인 의료관광(의료관광이란 국내 의료기관의 진료, 치료, 수술 등 의료서비스를 받는 환자와 그 동반자가 의료서비스와 병행하여 관광하는 것)의 활성화를 위하여 대통령령으로 정하는 기준을 충족하는 외국인 의료관광 유치·지원 관련 기관에 「관광진흥개발기금법」에 따른 관광진흥개발기금을 대여하거나 보조할 수 있다〈「관광진흥법」 제12조의2(의료관광 활성화) 제1항〉.

31 관광숙박업의 종류

구분		종류
관광 숙박업	호텔업	관광호텔업, 수상관광호텔업, 한국전통호텔업, 가족호텔업, 호스텔업, 소형호텔업, 의료관광호텔업
		휴양 콘도미니엄업

32 관광진흥법령상 3년 이하의 징역 또는 3천만원 이하의 벌금에 처하는 경우에 해당하는 것은?

① 카지노업의 허가를 받지 아니하고 카지노업을 경영한 자

② 허가를 받지 아니하고 유원시설업을 경영한 자

③ 카지노 기구의 검사합격증명서를 훼손하거나 제거한 자

④ 안전성검사를 받지 아니하고 유기시설을 설치한 자

33 관광진흥법령상 용어의 정의로 옳지 않은 것은?

① "관광지"란 관광객의 다양한 관광 및 휴양을 위하여 각종 관광시설을 종합적으로 개발하는 관광 거점 지역으로서 이 법에 따라 지정된 곳을 말한다.

② "조성계획"이란 관광지나 관광단지의 보호 및 이용을 증진하기 위하여 필요한 관광시설의 조성과 관리에 관한 계획을 말한다.

③ "소유자등"이란 단독 소유나 공유의 형식으로 관광사업의 일부 시설을 관광사업자로부터 분양받은 자를 말한다.

④ "관광사업자"란 관광사업을 경영하기 위하여 등록·허가 또는 지정을 받거나 신고를 한 자를 말한다.

>>>>>>>>> 32.② 33.①

ADVICE

32 ① 5년 이하의 징역 또는 5천만원 이하의 벌금

③ 2년 이하의 징역 또는 2천만원 이하의 벌금

④ 1년 이하의 징역 또는 1천만원 이하의 벌금

※ 3년 이하의 징역 또는 3천만원 이하의 벌금에 처하는 자〈「관광진흥법」 제82조(벌칙)〉

㉠ 등록을 하지 아니하고 여행업·관광숙박업(사업계획의 승인을 받은 관광숙박업만 해당)·국제회의업 및 관광객 이용시설업을 경영한 자

㉡ 허가를 받지 아니하고 유원시설업을 경영한 자

㉢ 법을 위반하여 시설을 분양하거나 회원을 모집한 자

㉣ 사용중지 등의 명령을 위반한 자

33 ① "관광지"란 자연적 또는 문화적 관광자원을 갖추고 관광객을 위한 기본적인 편의시설을 설치하는 지역으로서 이 법에 따라 지정된 곳을 말한다〈「관광진흥법」 제2조(정의) 제6호〉. 보기의 내용은 "관광단지"에 대한 정의이다.

34 관광진흥법령상 관광개발기본계획에 관한 설명으로 옳지 않은 것은?

① 문화체육관광부장관은 관광개발기본계획을 수립하여야 한다.

② 관광개발기본계획은 5년마다 수립한다.

③ 관광개발기본계획에는 전국의 관광 여건과 관광 동향에 관한 사항을 포함하여야 한다.

④ 문화체육관광부장관은 수립된 관광개발기본계획을 확정하여 공고하려면 관계 부처의 장과 협의하여야 한다.

35 관광진흥법령상 지역관광협의회의 설립에 관한 설명으로 옳지 않은 것은?

① 관광사업자, 관광 관련 단체 등은 공동으로 지역의 관광진흥을 위하여 광역 및 기초 지방자치단체 단위의 지역관광협의회를 설립할 수 있다.

② 지역관광협의회를 설립하려는 자는 해당 지방자치단체의 장의 허가를 받아야 한다.

③ 지역관광협의회는 법인으로 한다.

④ 지방자치단체의 장은 협의회의 운영 등에 필요한 경비를 지원할 수 없다.

ADVICE

34 관광개발기본계획은 10년마다, 권역별 관광개발계획은 5년마다 수립한다〈「관광진흥법 시행령」 제42조(관광개발계획의 수립시기)〉.

35 ④ 협의회의 운영 등에 필요한 경비는 회원이 납부하는 회비와 사업 수익금 등으로 충당하며, 지방자치단체의 장은 협의회의 운영 등에 필요한 경비의 일부를 예산의 범위에서 지원할 수 있다〈「관광진흥법」 제48조의9(지역관광협의회 설립) 제5항〉.

36 아시아태평양관광협회를 지칭하는 약어는?

① UNWTO
② ASTA
③ OECD
④ PATA

37 자연관광자원으로 옳지 않은 것은?

① 기후
② 동물
③ 농장
④ 식물

38 공공주도형 관광개발의 내용으로 옳지 않은 것은?

① 영리목적의 개발
② 중앙정부 주체의 개발
③ 한국관광공사 주체의 개발
④ 공익성 우선 개발

>>>>>>>> **36.④ 37.③ 38.①**

ADVICE

36 PATA(Pacific Asia Travel Association, 아시아태평양관광협회) … 아시아 · 태평양 연안 관광사업자들 간에 상호 관광 관련 정보교환 및 친선도모를 위해 1951년 설립됐다.
① UNWTO(United Nations World Tourism Organization) : 국제연합 세계관광기구
② ASTA(American Society of Travel Agents) : 미주여행자협회
③ OECD(Organization for Economic Cooperation and Development) : 경제협력개발기구

37 자연관광자원에는 산악, 구릉, 해양, 도서, 하천, 호소, 산림, 수목, 화초, 동물, 온천 등이 포함된다.

38 ① 영리목적의 개발은 민간주도형 관광개발의 특징이다. 공공주도형 관광개발은 영리보다 공익성이 우선된다.

39 관광사업의 특성에 관한 설명으로 옳지 않은 것은?

① 사업주체와 내용이 복합적이다.

② 관광지의 입지의존성이 크다.

③ 무형의 서비스가 중요한 사업요소이다.

④ 외부환경 변화에 민감하지 않다.

40 여행업에 관한 내용으로 옳지 않은 것은?

① 시설이용의 알선

② 계약체결의 대리

③ 농산물의 직거래

④ 여행편의 제공

41 다음에서 설명하는 서비스로 옳은 것은?

> 고속성, 안전성, 정시성, 경제성, 쾌적성을 특성으로 하는 서비스를 말한다.

① 항공서비스

② 호텔서비스

③ 카지노서비스

④ 외식서비스

〉〉〉〉〉〉〉〉 **39.**④ **40.**③ **41.**①

ADVICE

39 ④ 관광사업은 외부환경 변화에 민감하다.

40 여행업이란 여행자 또는 운송시설·숙박시설, 그 밖에 여행에 딸리는 시설의 경영자 등을 위하여 그 시설 이용 알선이나 계약 체결의 대리, 여행에 관한 안내, 그 밖의 여행 편의를 제공하는 업이다〈「관광진흥법」 제3조(관광사업의 종류) 제1항 제1호〉.

41 고속성, 안전성 등의 특성을 통해 보기 중 항공서비스임을 알 수 있다.

42 다음에서 설명하는 것으로 옳은 것은?

> 기업에서 주어진 목적이나 목표달성을 위해 종업원, 거래관계자 등에게 관광이라는 형태로 동기유발을 시키거나 생산효율성을 증대할 수 있는 관광상품

① 컨벤션
② 무역박람회
③ 인센티브 투어
④ 전시회

43 고대 로마시대에 관광이 활성화되었던 이유로 옳지 않은 것은?

① 군사용 도로의 정비
② 물물경제의 도입
③ 다양한 숙박시설의 등장
④ 안정된 치안 유지

>>>>>>>>> 42.③ 43.②

ADVICE

42 제시된 내용은 인센티브 투어(incentive tour)에 대한 설명으로 포상 여행이라고 할 수 있다.
   ① **컨벤션** : 부가가치가 높은 복합 정보형 전시회나 국제회의
   ② **무역박람회** : 무역을 촉진할 목적으로 교역대상품목을 전시선전 하기 위하여 계획된 전시설명회
   ④ **전시회** : 특정한 물건을 벌여 차려 놓고 일반에게 참고가 되게 하는 모임

43 고대 로마시대에는 치안이 유지되면서 사람들의 삶에 안정이 찾아와 여유가 생기게 되었다. 또한 군사용 도로의 정비와 다양한 숙박시설의 등장으로 여행을 떠나기 편해지면서 관광이 활성화되었다.

44 관광매체 중 공간적 매체에 해당되지 않는 것은?

① 철도

② 항공

③ 호텔

④ 선박

45 관광상품의 특성으로 옳지 않은 것은?

① 비소멸성

② 생산과 소비의 동시성

③ 상호보완성

④ 무형성

46 관광마케팅믹스 중 전통적 마케팅믹스(4Ps)가 아닌 것으로만 짝지어진 것은?

① Product, People

② Place, Process

③ People, Physical Evidence

④ Price, Promotion

>>>>>>>> **44.③ 45.① 46.③**

ADVICE

44 공간적 매체는 교통기관, 도로, 운수시설 등이 해당한다. 숙박시설, 휴식시설, 오락시설은 시간적 매체이며, 여행업, 통역안내업, 기념품판매업 등은 기능적 매체이다.

45 ① 관광상품은 서비스로 소멸성을 가진다.
   ※ 관광상품의 특성 ⋯ 무형성, 소멸성, 동시성, 이질성, 계절성, 동질성, 보완성

46 관광마케팅믹스 8Ps
   ㉠ 전통적 마케팅믹스 : 상품(Product), 가격(Price), 유통(Place), 촉진(Promotion)
   ㉡ 확장된 마케팅믹스 : 패키징(Packaging), 프로그래밍(Programming), 파트너십(Partnership), 종사원(People)
   ※ 관광마케팅믹스의 신개념 4Cs ⋯ 고객가치(Customer value), 고객비용(Cost to the customer), 편리성(Convenience), 커뮤니케이션(Communication)

47 다음에서 설명하는 관광의 개념은?

사회적 약자, 소외계층들에게 관광체험의 기회를 부여하여 개인의 자아실현이나 삶의 질 향상을 실현하는 사회복지 차원의 관광

① 다크투어리즘(Dark Tourism)

② 그랜드 투어(Grand Tour)

③ 녹색관광(Green Tourism)

④ 소셜투어리즘(Social Tourism)

48 Alternative Tourism(대안관광)의 유사 개념으로 옳지 않은 것은?

① Soft Tourism(연성관광)

② High Impact Tourism(하이 임펙트 투어리즘)

③ Appropriate Tourism(적정관광)

④ Green Tourism(녹색관광)

〉〉〉〉〉〉〉〉 **47.**④ **48.**②

ADVICE

47 제시된 내용은 소셜투어리즘에 대한 설명이다.
 ① 다크투어리즘(Dark Tourism) : 잔혹한 참상이 벌어졌던 역사적 장소나 재난·재해 현장을 돌아보는 여행
 ② 그랜드 투어(Grand Tour) : 17~19세기 초까지 특히 영국 상류층 자제들 사이에서 유행한 유럽여행
 ③ 녹색관광(Green Tourism) : 농촌의 자연경관과 전통문화, 생활과 산업을 매개로 도시민과 농촌주민 간의 교류 형태로 추진되는 체류형 관광

48 Alternative Tourism(대안관광) … 소규모집단으로 이루어지며, 경제적인 편익도 적절하게 제공하는 동시에 자연환경에 부정적 영향을 적게 주는 바람직한 관광으로 관광객의 수와 유형, 행동, 자원에 미치는 영향, 수용력, 경제 누수효과, 지역참여 측면에서 기존의 대중관광과는 다른 특성을 갖고 있는 관광이다.

49 IATA 항공사 코드와 항공사의 연결로 옳지 않은 것은?

① BX – 에어부산

② AK – 에어아시아

③ LJ – 제주항공

④ TW – 티웨이항공

50 다음에서 설명하는 것으로 옳은 것은?

> 총회, 컨벤션, 컨퍼런스 등의 회의에 보조적으로 개최되는 짧은 교육프로그램으로, 특정문제나 과제에 관한 새로운 지식, 기술, 아이디어 등을 교환하고 교육하는 30명 내외의 소규모 회의

① 워크숍(Workshop)

② 패널토의(Panel Discussion)

③ 콩그레스(Congress)

④ 포럼(Forum)

2019년 기출문제분석

 국사

---

1 일제의 민족 말살 정책과 관련이 깊은 것은?

① 문화 통치

② 황국신민화 정책

③ 병참 기지화 정책

④ 헌병 경찰제도

>>>>>>>> 1.②

ADVICE

1 민족 말살 정책은 일제가 우리 민족을 말살하고 이른바 황국신민화하기 위해 취한 1930년대의 식민정책이다. 일제는 '내선일체(內鮮一體)'를 내세우며 '조선인은 대일본제국의 신민이다. 합심하여 천황폐하께 충성을 다하자'는 내용의 「황국신민서사(皇國臣民誓詞)」를 만들어 제창하게 하였다. 1938년에는 학교에서 조선어 교육을 모두 폐지하고 일본어를 상용케 하며 창씨개명을 강요하는 등의 민족 말살 정책을 자행했다.

　① **문화 통치**: 3·1 운동 이후 무력과 강압으로 우리 민족을 지배하기 어렵다는 것을 깨달은 일제가 1920년대에 취한 식민정책으로, 한민족의 문화와 관습을 존중하며 한국인의 이익을 위한다는 명목 아래 친일파를 대거 양성하는 문화 통치를 내세웠다.

　③ **병참 기지화 정책**: 일제가 1931년 만주사변을 전후한 시기부터 1945년 광복될 때까지 한반도를 일본의 대륙 침략 및 태평양전쟁을 위한 전쟁 및 군수물자의 공급기지로 이용한 식민정책이다.

　④ **헌병 경찰제도**: 헌병으로 하여금 군사·경찰뿐 아니라 일반 치안 유지를 위한 경찰 업무도 담당하게 한 제도로, 1910년대 일제의 식민정책인 무단 통치를 뒷받침하였다.

2 위정척사에 관한 설명으로 옳은 것은?

① 위정척사론자들은 개화운동의 뿌리가 되었다.
② '척사'는 성리학 이외의 사상이라도 무조건 배척만은 하지 말자는 것이다.
③ 반계 유형원은 위정척사 운동의 사상을 제시했다.
④ '위정'은 정학인 성리학을 옹호하는 것이다.

3 청동기 시대의 토기가 아닌 것은?

① 민무늬 토기
② 미송리식 토기
③ 덧무늬 토기
④ 붉은 간 토기

4 김해 지역에서 출토된 외래계 유물이 아닌 것은?

① 유목민족의 조리 도구인 청동솥
② 일본열도에서 들어온 방패 장식용 파형 청동기
③ 일본산 토기
④ 소그드 은화

>>>>>>>> **2.④ 3.③ 4.④**

ADVICE

2 '위정척사(衛正斥邪)'란 1860년대 이후 이항로, 기정진 등 보수적인 유학자를 중심으로 형성된 반침략·반외세의 정치사상이다. 위정(衛正)이란 바른 것, 즉 성리학과 성리학적 질서를 수호하자는 것이고, 척사(斥邪)란 사악한 것, 즉 성리학 이외의 모든 종교와 사상을 배척하자는 것이다.

3 ③ 덧무늬 토기는 빗살무늬 토기와 함께 신석기 시대를 대표하는 토기이다.

4 ④ 소그드 은화는 발해의 옛 성터(러시아 연해주 노보고르데예프카 성터)에서 출토된 중앙아시아의 유물로, 당시 발해와 중앙아시아의 교역을 보여주는 중요한 문화재이다.

5 제1차 김홍집 내각에 관한 설명으로 옳은 것은?

① 민씨 정권이 무너지고 등장했다.

② 흥선 대원군과 대립하였다.

③ 갑오개혁이 실패한 후 등장했다.

④ 최초의 근대신문인 한성순보를 발행하였다.

6 백제인에 관한 설명으로 옳지 않은 것은?

① 투호와 바둑 및 장기를 즐겼다.

② 키가 크고 의복이 깔끔하였다.

③ 씨름하는 장면이 그려진 벽화를 남겼다.

④ 상무적 기풍이 강하였다.

〉〉〉〉〉〉〉〉 5.① 6.③

ADVICE

5 갑오변란(일본군이 군대를 동원해 경복궁에 침입하여 민씨 정권을 몰아낸 사건)으로 민씨 정권이 무너지고, 대원군을 섭정으로 내세운 1차 김홍집 내각은 1차 갑오개혁(1894)을 추진하였다. 이 내각의 개혁 정책은 초정부적 비상 기구인 군국기무처를 중심으로 추진되었으며, 당시 군국기무처에는 박정양, 유길준 등의 개화 인사들이 참여하여 개혁 정책을 결정하였다. 또한 국가 재정을 탁지아문의 관할로 일원화시켰다.

6 ③ 씨름하는 장면이 그려진 벽화는 고구려 고분인 각저총에서 발견된 씨름도이다.

※ 각저총 씨름도

7 동서 문화 교류가 활발했다는 사실을 증명하는 유물이 아닌 것은?

① 발해 석등

② 경주 계림로 보검

③ 원성왕릉의 무인 석상

④ 동경 용원부의 삼존불상

8 장면 내각에 관한 설명으로 옳지 않은 것은?

① 부정 선거 관련자 처벌을 비롯한 정의사회구현을 국정 목표로 삼았다.

② 지방 자치제를 전면적으로 실시했다.

③ 내각 책임제와 국회 양원제를 채택했다.

④ 국토 건설 사업을 실시했다.

>>>>>>>> 7.① 8.①

ADVICE

7 ② 경주 계림로 보검은 미추왕릉지구에서 발굴된 신라 때의 보검이다. 이 보검 장식은 삼국시대의 고분에서 출토되는 환두대도 등 여러 종류의 칼과는 그 형태가 다르고, 표면에 나타난 장식 등에서 서구 문화의 영향을 엿볼 수 있다.

③ 원성왕릉의 무인 석상은 눈이 깊고 코가 우뚝한 소그드인의 모습으로 동서 문화 교류를 보여준다.

④ 발해 수도였던 동경 용원부에서 발견된 삼존불상 가운데 우협시(향좌) 보살상은 십자가 목걸이를 하고 있다. 이는 발해에 크리스트교를 믿는 외국인들이 많이 머물고 있었다는 것을 추론할 수 있게 한다.

8 ① 4·19 혁명으로 자유당 정권이 붕괴되면서 정국은 혼란스러워졌다. 장면 내각은 사회 질서를 안정시키고 국가 안보 체제를 확립하면서 경제·사회 발전을 통해 국력을 신장하여 민족의 숙원인 평화 통일을 앞당기는 과제를 안고 있었다.

9 다음 중 가장 이른 시기에 발생한 사건은?

① 묘청의 난
② 강동 6주 획득
③ 강조의 정변
④ 귀주대첩

10 고려시대 불교에 관한 설명으로 옳지 않은 것은?

① 왕자 출신의 의천은 교종을 중심으로 불교계를 통합하려 하였다.
② 선종 승려인 지눌은 정혜쌍수를 주장하였고, 수선사 결사운동을 이끌었다.
③ 광종대 대장경을 만들고, 승과를 실시하였다.
④ 선종 승려인 보우와 혜근은 원나라로부터 임제종을 수입하였다.

〉〉〉〉〉〉〉〉 9.② 10.③

ADVICE

9 ① 묘청의 난 − 1135년(인종 13)
② 강동 6주 획득 − 933년(태조 16)
③ 강조의 정변 − 1009년(목종 12)
④ 귀주대첩 − 1018년(현종 9)

10 광종 때 승과를 비롯한 과거제가 실시되었으나, 고려 대장경은 그 이후 현종 때 시작되어 고종 때 완성되었다.

11 고려시대 토지제도에 관한 설명으로 옳지 않은 것은?

① 수조권에 따라 공전과 사전으로 구분되었다.

② 전시과 제도는 문종대 시작하여 성종대 완성되었다.

③ 공민왕은 신돈을 등용하였고, 전민변정도감을 설치하여 전제개혁을 시도하였다.

④ 공양왕대 과전법이 실시되어, 이성계 일파 중심으로 수조권이 재분배되었다.

12 조선의 대외관계에 관한 설명으로 옳지 않은 것은?

① 조선은 두만강 유역에 4군을, 압록강 중류에 6진을 설치하였다.

② 일본과는 계해약조를 맺고 부산포, 제포, 염포에서 무역을 허용하였다.

③ 명나라와는 조공무역을 하고 책봉을 받았다.

④ 여진족에 대해서는 귀화와 조공을 적극 유도하면서 토벌정책도 병행하였다.

>>>>>>>>> 11.② 12.①

ADVICE

11 ② 전시과 제도는 경종(시정 전시과) 때 시작하여, 목종(개정 전시과) 때 정비를 거쳐 문종(경정 전시과) 때 완성되었다.

※ 고려의 토지제도

구분	역분전	시정 전시과	개정 전시과	경정 전시과
지급 시기	태조(940)	경종(976)	목종(998)	문종(1076)
지급 기준	공로	관품 + 인품	관품	관품
지급 대상	공신	전 · 현직 관료	전 · 현직 관료	현직 관료

12 ① 4군은 압록강 상류 지역으로 최윤덕이 확보한 지역이고, 6진은 두만강 유역으로 김종서가 개척한 지역이다.

※ 4군 6진

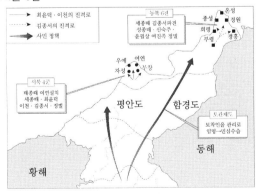

13 조선 후기의 세제 개편에 관한 설명으로 옳은 것은?

① 전세는 연분9등법에 의해 운영되었다.

② 공물은 대동법 시행에 따라 호적에 기재된 인정의 다소에 따라 부과하였다.

③ 군역 부담을 줄이기 위해 군포를 2필에서 1필로 감하였다.

④ 요역은 8결 당 1명의 인원을 기준으로 부과하였다.

14 다음 사건의 배경이 된 지역은?

> 1811년 지역 차별에 불만을 품은 상인, 향임층, 무사, 유랑농민 등이 주축이 되어 발생한 민란으로 9개 읍을 점령하는 등 위세를 떨쳤다.

① 전라도　　　　　　　　　　　　② 경상도

③ 평안도　　　　　　　　　　　　④ 함경도

15 다음 중 세종대에 만들어진 것은?

① 국조오례의　　　　　　　　　　② 여지도서

③ 혼일강리역대국도지도　　　　　④ 칠정산

>>>>>>>>　13.③　14.③　15.④

ADVICE

13 ① 연분 9등법은 조선 세종 때 실시한 조세 제도로, 토지세에 토지 1결당 풍흉에 따라서 최저 4두에서 최고 20두를 납부하는 조세 제도이다.

　② 대동법은 공물을 거두는 기준을 가호(호당징수)에서 토지(결당징수)로 바꾸었다.

　④ 8결당 1명의 인원을 기준으로 요역을 부과한 것은 성종대이다.

14 제시된 내용은 19세기 초 지방 차별과 조정의 부패에 항거하여 홍경래·우군칙 등의 주도로 평안도에서 일어난 농민항쟁인 홍경래의 난에 대한 설명이다.

15 ④ 우리 실정에 맞는 역법인 칠정산은 조선 세종대에 만들어진 것이다.

　① 국조오례의 : 세종 때 시작하여 성종 때 완성하였다.

　② 여지도서 : 영조

　③ 혼일강리역대국도지도 : 태종

16 국내여행안내사 A가 사용한 해설기법은?

> 국내여행안내사 A는 국립박물관 입구에서 관광객 그룹을 대상으로 먼저 박물관에
> 대해 대략적인 설명을 한 다음 그 그룹과 동행하면서 관람동선에 있는 주요 전시물
> 을 흥미롭게 설명하였다.

① 담화해설기법
② 이동식해설기법
③ 자기안내해설기법
④ 매체이용해설기법

17 우리나라 전통 건축양식에 관한 설명으로 옳지 않은 것은?

① 배흘림기둥은 원형기둥의 중간부가 굵고 상부와 하부가 가늘게 된 건축양식이다.
② 주심포양식은 기둥 위에만 포가 놓인 공포형식이다.
③ 다포양식은 기둥 위와 기둥사이에 포가 놓인 공포형식이다.
④ 치미는 추녀마루 끝에 위치하는 이무기 꼬리 모양의 장식이다.

〉〉〉〉〉〉〉〉 16.② 17.④

ADVICE

16 관광객 그룹과 동행하면서 관람동선에 있는 주요 전시물을 설명하고 있으므로 이동식해설기법이다.

17 ④ 치미는 용마루 양끝에 장식하였던 날짐승 꼬리 모양의 장식기와이다.

18 조선시대 서원에 관한 설명으로 옳지 않은 것은?

① 서원은 국립 교육기관으로 국가 지원을 받았다.

② 최초의 서원은 주세붕이 설립한 백운동서원이다.

③ 서원은 지방에 소재한 교육기관이었다.

④ '한국의 서원'으로 유네스코 세계유산에 등재되었다.

19 유네스코 인류무형문화유산으로 등재된 것을 모두 고른 것은?

㉠ 종묘제례 및 종묘제례악	㉡ 판소리
㉢ 강릉단오제	㉣ 수원화성

① ㉠, ㉣   ② ㉡, ㉢

③ ㉢, ㉣   ④ ㉠, ㉡, ㉢

ADVICE

18 ① 서원은 학문연구와 선현제향을 위하여 사림에 의해 설립된 사설 교육기관이다.

19 ④ 수원화성은 유네스코 세계유산으로 등재되었다. 유네스코 유산은 세계유산, 무형문화유산, 세계기록유산으로 구분된다.
   ※ 한국의 유네스코 인류 무형문화유산(22종) … 가곡, 강강술래, 강릉단오제, 김장문화, 남사당놀이, 농악, 대목장, 매사
   냥, 씨름, 아리랑, 연등회, 영산재, 제주 칠머리당 영등굿, 제주해녀문화, 종묘제례 및 종묘제례악, 줄다리기, 줄타기,
   처용무, 택견, 판소리, 한산 모시짜기, 한국의 탈춤

20 한글에 관한 설명으로 옳은 것은?

① 조선정부는 용비어천가를 한글로 지어 조선 건국의 정당성과 역사성을 강조하였다.

② 1446년에 훈민정음이 창제되었다.

③ 한글의 창제 원리는 인의예지신 오상이다.

④ 훈민정음은 28자의 표의문자이다.

21 우리나라 국립공원 중 해상 면적이 큰 순서대로 올바르게 나열한 것은?

① 한려해상 〉 다도해해상 〉 변산반도 〉 태안해안

② 한려해상 〉 다도해해상 〉 태안해안 〉 변산반도

③ 다도해해상 〉 한려해상 〉 변산반도 〉 태안해안

④ 다도해해상 〉 한려해상 〉 태안해안 〉 변산반도

22 댐과 강유역명의 연결이 옳지 않은 것은?

① 팔당댐 – 한강유역

② 충주댐 – 금강유역

③ 안동댐 – 낙동강유역

④ 장성댐 – 영산강유역

〉〉〉〉〉〉〉〉 20.① 21.④ 22.②

ADVICE

20 ② 훈민정음은 1443년(세종 25)에 창제되어 1446년(세종 28)에 반포되었다.

③ 한글의 창제 원리는 천지인(天地人) 3재(才)를 본땄다는 것이 정설이다.

④ 훈민정음은 말소리를 그대로 기호로 나타낸 표음문자이다.

21 • 다도해해상 : 전제 면적 2,266.221㎢ 중 육지 291.023㎢, 해상 1,975.198㎢

• 한려해상 : 전체 면적 535.676㎢ 중 76%(약 407.114㎢)가 해상 면적이다.

• 태안해안 : 태안반도와 안면도를 남북으로 아우른 230km의 해안선에 27개의 해변이 펼쳐지며, 전체 면적은 377.019㎢이다.

• 변산반도 : 전체 면적 153.934㎢ 중 육상 면적이 89%, 해상 면적이 11%를 차지한다.

22 ② 충주댐은 남한강유역이다.

23 지역과 특산물의 연결이 옳지 않은 것은?

① 금산 – 인삼   ② 통영 – 나전칠기

③ 안성 – 목기   ④ 봉화 – 송이

24 24 절기(節氣) 중 18번째 절기로 서리가 내리기 시작하는 시기는?

① 처서   ② 백로

③ 상강   ④ 한로

25 우리나라 전통연극에 관한 설명으로 옳은 것은?

① 고성 오광대놀이의 등장인물은 양반, 각시, 장자마리 등이다.

② 남사당놀이는 풍물, 버나, 살판, 어름, 덧뵈기, 덜미 등으로 구성된다.

③ 택견은 국가무형문화재로 유네스코 인류무형문화유산으로 등재될 예정이다.

④ 송파 산대놀이는 국가무형문화재로 꼭두쇠를 중심으로 한 유랑 남성들이 연희하는 마당놀이이다.

>>>>>>>> **23.**③ **24.**③ **25.**②

ADVICE

23 ③ 안성의 특산물은 유기이다.

24 입춘(立春)을 시작으로 18번째에 해당하는 절기는 상강(霜降)이다.

※ 24절기

계절	절기					
봄	입춘(立春)	우수(雨水)	경칩(驚蟄)	춘분(春分)	청명(淸明)	곡우(穀雨)
여름	입하(立夏)	소만(小滿)	망종(芒種)	하지(夏至)	소서(小暑)	대서(大暑)
가을	입추(立秋)	처서(處暑)	백로(白露)	추분(秋分)	한로(寒露)	상강(霜降)
겨울	입동(立冬)	소설(小雪)	대설(大雪)	동지(冬至)	소한(小寒)	대한(大寒)

25 ① 양반, 각시, 장자마리, 시시딱딱이가 등장하는 전통놀이는 강릉 관노가면극이다. 고성 오광대놀이는 다섯 명의 광대가 탈을 쓴 채 태평소·북·장구·꽹과리·징 등의 연주에 맞춰 춤을 추며 대사를 주고받는 가면극이다.

③ 택견은 2011년에 유네스코 인류무형문화유산으로 등재되었다.

④ 국가무형문화재로 꼭두쇠를 중심으로 한 유랑 남성들이 연희하는 마당놀이는 남사당놀이다.

26 관광진흥개발기금법령상 관광진흥개발기금에 관한 설명으로 옳은 것은?

① 선박을 이용하여 출국하는 자는 1만원의 관광진흥개발기금을 납부하여야 한다.

② 한국산업은행이 관광진흥개발기금의 대여업무를 할 경우에는 미리 기금대여업무계획을 작성하여 기획재정부장관의 승인을 받아야 한다.

③ 관광진흥개발기금의 기금지출관은 기금출납보고서를 그 행위를 한 달의 말일을 기준으로 작성하여 다음 달 10일까지 기획재정부장관에게 제출하여야 한다.

④ 문화체육관광부장관은 회계연도마다 기금의 결산보고서를 작성하여 다음 연도 2월 말일까지 기획재정부장관에게 제출하여야 한다.

〉〉〉〉〉〉〉〉 26.④

ADVICE

26 ④ 「관광진흥개발기금법 시행령」 제21조(결산보고)

① 법 제2조 제3항에 따른 납부금은 1만원으로 한다. 다만, 선박을 이용하는 경우에는 1천원으로 한다〈「관광진흥개발기금법 시행령」 제1조의2(납부금의 납부대상 및 금액) 제2항〉.

② 한국산업은행이 제3조에 따라 기금의 대여업무를 할 경우에는 미리 기금대여업무계획을 작성하여 문화체육관광부장관의 승인을 받아야 한다〈「관광진흥개발기금법 시행령」 제9조(대여업무계획의 승인)〉.

③ 기금재무관은 기금지출원인행위액보고서를, 기금지출관은 기금출납보고서를 그 행위를 한 달의 말일을 기준으로 작성하여 다음 달 15일까지 기획재정부장관에게 제출하여야 한다〈「관광진흥개발기금법 시행령」 제16조(기금지출원인행위액보고서 등의 작성 · 제출)〉.

27 국제회의산업 육성에 관한 법령상 국제회의도시의 지정기준이 아닌 것은?

① 지정대상 도시 전체가 국제회의복합지구로 지정되어 있을 것

② 지정대상 도시에 숙박시설 · 교통시설 · 교통안내체계 등 국제회의 참가자를 위한 편의시설이 갖추어져 있을 것

③ 지정대상 도시에 국제회의시설이 있고, 해당 특별시 · 광역시 또는 시에서 이를 활용한 국제회의산업 육성에 관한 계획을 수립하고 있을 것

④ 지정대상 도시 또는 그 주변에 풍부한 관광자원이 있을 것

28 관광기본법상 관광진흥계획의 수립 및 연차보고에 관한 설명으로 옳지 않은 것은?

① 정부는 관광진흥에 관한 기본계획을 5년마다 수립 · 시행하여야 한다.

② 관광진흥에 관한 기본계획은 국가관광전략회의의 심의를 거쳐 확정한다.

③ 정부는 관광진흥에 관한 기본계획에 따라 매년 시행계획을 수립 · 시행하고 그 추진실적을 평가하여 기본계획에 반영하여야 한다.

④ 정부는 매년 관광진흥에 관한 시책과 동향에 대한 보고서를 정기국회가 시작하기 7일 전까지 국회에 제출하여야 한다.

>>>>>>>>> 27.① 28.④

ADVICE

27 국제회의도시의 지정기준〈「국제회의산업 육성에 관한 법률 시행령」 제13조〉

　　㉠ 지정대상 도시에 국제회의시설이 있고, 해당 특별시 · 광역시 또는 시에서 이를 활용한 국제회의산업 육성에 관한 계획을 수립하고 있을 것

　　㉡ 지정대상 도시에 숙박시설 · 교통시설 · 교통안내체계 등 국제회의 참가자를 위한 편의시설이 갖추어져 있을 것

　　㉢ 지정대상 도시 또는 그 주변에 풍부한 관광자원이 있을 것

28 ④ 정부는 매년 관광진흥에 관한 시책과 동향에 대한 보고서를 정기국회가 시작하기 전까지 국회에 제출하여야 한다〈「관광기본법」 제4조(연차보고)〉.

29 관광진흥법령상 유원시설업자가 유기시설 또는 유기기구의 사용중지 등 필요한 조치를 취하고 사고보고를 해야 하는 중대한 사고에 해당하지 않는 경우는?

① 사망자가 발생한 경우

② 사고 발생일부터 3일 이내에 실시된 의사의 최초 진단결과 2주 이상의 입원 치료가 필요한 부상자가 동시에 3명 이상 발생한 경우

③ 사고 발생일부터 3일 이내에 실시된 의사의 최초 진단결과 1주 이상의 입원 치료가 필요한 부상자가 동시에 5명 이상 발생한 경우

④ 유기시설 또는 유기기구의 운행이 10분 이상 중단되어 인명 구조가 이루어진 경우

30 관광진흥법령상 (   )에 들어갈 내용을 순서대로 올바르게 나열한 것은?

> 문화체육관광부장관은 관광자원을 효율적으로 개발하고 관리하기 위하여 전국을 대상으로 관광개발기본계획을 (㉠)년마다 수립하며, 권역별 관광개발계획은 (㉡)년마다 수립한다.

① ㉠ : 10, ㉡ : 5

② ㉠ : 15, ㉡ : 5

③ ㉠ : 15, ㉡ : 10

④ ㉠ : 20, ㉡ : 10

〉〉〉〉〉〉〉〉 **29.**④ **30.**①

> **ADVICE**

29 유기시설 등에 의한 중대한 사고〈「관광진흥법 시행령」 제31조의2〉
  ㉠ 사망자가 발생한 경우
  ㉡ 의식불명 또는 신체기능 일부가 심각하게 손상된 중상자가 발생한 경우
  ㉢ 사고 발생일부터 3일 이내에 실시된 의사의 최초 진단결과 2주 이상의 입원 치료가 필요한 부상자가 동시에 3명 이상 발생한 경우
  ㉣ 사고 발생일부터 3일 이내에 실시된 의사의 최초 진단결과 1주 이상의 입원 치료가 필요한 부상자가 동시에 5명 이상 발생한 경우
  ㉤ 유기시설 또는 유기기구의 운행이 30분 이상 중단되어 인명 구조가 이루어진 경우

30 관광개발계획의 수립시기〈「관광진흥법 시행령」 제42조〉
  ㉠ 법 제49조 제1항에 따른 관광개발기본계획은 10년마다 수립한다.
  ㉡ 문화체육부장관은 사회적 · 경제적 여건 변화 등을 고려하여 5년마다 제1항에 따른 관광개발기본계획을 전반적으로 재검토하고 개선이 필요한 사항을 정비해야 한다.
  ㉢ 법 제49조 제2항에 따른 권역별 관광개발계획은 5년마다 수립한다.

31 관광진흥법령상 과태료를 부과하는 경우가 아닌 것은?

① 카지노사업자가 영업준칙을 지키지 아니한 경우

② 유원시설업에 종사하는 안전관리자가 안전교육을 받지 아니한 경우

③ 관광통역안내의 자격을 가진 사람이 관광안내를 할 때 자격증을 패용하지 아니한 경우

④ 허가를 받지 아니하고 종합유원시설업 및 일반유원시설업을 경영한 경우

32 관광진흥법령상 관광특구진흥계획의 수립 내용에 포함해야 할 사항이 아닌 것은?

① 내국인 관광객 유치 인원 실태조사 강구

② 관광불편신고센터의 운영계획

③ 범죄예방 계획 및 바가지 요금, 퇴폐행위, 호객행위 근절 대책

④ 외국인 관광객을 위한 토산품 등 관광상품 개발 · 육성계획

>>>>>>>> 31.④ 32.①

31 과태료〈「관광진흥법」제86조〉

　㉠ 다음 각 호의 어느 하나에 해당하는 자에게는 500만 원 이하의 과태료를 부과한다.

　　• 제33조의2(사고보고의무 및 사고조사) 제1항에 따른 통보를 하지 아니한 자

　㉡ 다음 각 호의 어느 하나에 해당하는 자에게는 100만 원 이하의 과태료를 부과한다.

　　• 제10조(관광표지의 부착 등) 제3항을 위반한 자

　　• 제28조(카지노사업자 등의 준수 사항) 제2항 전단을 위반하여 영업준칙을 지키지 아니한 자

　　• 제33조(안전성검사 등) 제3항을 위반하여 안전교육을 받지 아니한 자

　　• 제33조(안전성검사 등) 제4항을 위반하여 안전관리자에게 안전교육을 받도록 하지 아니한 자

　　• 제38조(관광종사원의 자격 등) 제7항을 위반하여 자격증을 패용하지 아니한 자

　　• 제48조의10(한국관광 품질인증) 제3항을 위반하여 인증표지 또는 이와 유사한 표지를 하거나 한국관광 품질인증을 받은 것으로 홍보한 자

32 특별자치시장 · 특별자치도지사 · 시장 · 군수 · 구청장은 다음 각 호의 사항이 포함된 진흥계획을 수립 · 시행한다〈「관광진흥법 시행령」제59조(관광특구진흥계획의 수립 · 시행) 제2항〉.

　㉠ 외국인 관광객을 위한 관광편의시설의 개선에 관한 사항

　㉡ 특색 있고 다양한 축제, 행사, 그 밖에 홍보에 관한 사항

　㉢ 관광객 유치를 위한 제도개선에 관한 사항

　㉣ 관광특구를 중심으로 주변지역과 연계한 관광코스의 개발에 관한 사항

　㉤ 그 밖에 관광질서 확립 및 관광서비스 개선 등 관광객 유치를 위하여 필요한 사항으로서 문화체육관광부령으로 정하는 사항〈이하 「관광진흥법 시행규칙」제65조(관광특구진흥계획의 수립 내용)〉

　　• 범죄예방 계획 및 바가지 요금, 퇴폐행위, 호객행위 근절 대책

　　• 관광불편신고센터의 운영계획

　　• 관광특구 안의 접객시설 등 관련시설 종사원에 대한 교육계획

　　• 외국인 관광객을 위한 토산품 등 관광상품 개발 · 육성계획

33 관광진흥법령상 호텔업의 종류에 관한 설명으로 옳은 것은?

① 호스텔업 : 관광객의 숙박에 적합한 시설을 소규모로 갖추고 숙박에 딸린 음식·운동·휴양 또는 연수에 적합한 시설을 함께 갖추어 관광객에게 이용하게 하는 업

② 관광호텔업 : 관광객의 숙박에 적합한 시설을 갖추어 관광객에게 이용하게 하고 숙박에 딸린 음식·운동·오락·휴양·공연 또는 연수에 적합한 시설 등을 함께 갖추어 관광객에게 이용하게 하는 업

③ 소형호텔업 : 배낭여행객 등 개별 관광객의 숙박에 적합한 시설로서 샤워장, 취사장 등의 편의시설과 외국인 및 내국인 관광객을 위한 문화·정보 교류시설 등을 함께 갖추어 이용하게 하는 업

④ 가족호텔업 : 숙박시설을 운영하고 있는 자가 자연·문화 체험관광에 적합한 시설을 갖추어 관광객에게 이용하게 하는 업

>>>>>>>> 33.②

ADVICE

33 호텔업의 종류〈「관광진흥법 시행령」제2조(관광사업의 종류) 제2호〉

ㄱ **관광호텔업** : 관광객의 숙박에 적합한 시설을 갖추어 관광객에게 이용하게 하고 숙박에 딸린 음식·운동·오락·휴양·공연 또는 연수에 적합한 시설 등을 함께 갖추어 관광객에게 이용하게 하는 업

ㄴ **수상관광호텔업** : 수상에 구조물 또는 선박을 고정하거나 매어 놓고 관광객의 숙박에 적합한 시설을 갖추거나 부대시설을 함께 갖추어 관광객에게 이용하게 하는 업

ㄷ **한국전통호텔업** : 한국전통의 건축물에 관광객의 숙박에 적합한 시설을 갖추거나 부대시설을 함께 갖추어 관광객에게 이용하게 하는 업

ㄹ **가족호텔업** : 가족단위 관광객의 숙박에 적합한 시설 및 취사도구를 갖추어 관광객에게 이용하게 하거나 숙박에 딸린 음식·운동·휴양 또는 연수에 적합한 시설을 함께 갖추어 관광객에게 이용하게 하는 업

ㅁ **호스텔업** : 배낭여행객 등 개별 관광객의 숙박에 적합한 시설로서 샤워장, 취사장 등의 편의시설과 외국인 및 내국인 관광객을 위한 문화·정보 교류시설 등을 함께 갖추어 이용하게 하는 업

ㅂ **소형호텔업** : 관광객의 숙박에 적합한 시설을 소규모로 갖추고 숙박에 딸린 음식·운동·휴양 또는 연수에 적합한 시설을 함께 갖추어 관광객에게 이용하게 하는 업

ㅅ **의료관광호텔업** : 의료관광객의 숙박에 적합한 시설 및 취사도구를 갖추거나 숙박에 딸린 음식·운동 또는 휴양에 적합한 시설을 함께 갖추어 주로 외국인 관광객에게 이용하게 하는 업

34 관광진흥법령상 관광객 이용시설업의 종류가 아닌 것은?

① 전문휴양업

② 관광공연장업

③ 관광유람선업

④ 관광순환버스업

35 관광진흥법령상 호텔업 등록을 한 자가 등급결정을 신청하여야 하는 호텔업을 모두 고른 것은?

㉠ 관광호텔업	㉡ 가족호텔업
㉢ 소형호텔업	㉣ 수상관광호텔업

① ㉠, ㉡

② ㉡, ㉢

③ ㉠, ㉢, ㉣

④ ㉡, ㉢, ㉣

〉〉〉〉〉〉〉〉 34.④ 35.③

ADVICE

34 관광객 이용시설업의 종류〈「관광진흥법 시행령」 제2조(관광사업의 종류) 제3호〉

㉠ 전문휴양업

㉡ 종합휴양업

㉢ 야영장업 : 일반야영장업, 자동차야영장업

㉣ 관광유람선업 : 일반관광유람선업, 크루즈업

㉤ 관광공연장업

㉥ 외국인관광 도시민박업

㉦ 한옥체험업

35 문화체육관광부장관은 관광숙박시설 및 야영장 이용자의 편의를 돕고, 관광숙박시설·야영장 및 서비스의 수준을 효율적으로 유지·관리하기 위하여 관광숙박업자 및 야영장업자의 신청을 받아 관광숙박업 및 야영장업에 대한 등급을 정할 수 있다. 다만, 제4조 제1항에 따라 호텔업 등록을 한 자 중 대통령령으로 정하는 자는 등급결정을 신청하여야 한다〈「관광진흥법」 제19조(관광숙박업 등의 등급) 제1항〉.

법 제19조 제1항 단서에서 "대통령령으로 정하는 자"란 관광호텔업, 수상관광호텔업, 한국전통호텔업, 가족호텔업, 소형호텔업 또는 의료관광호텔업의 등록을 한 자를 말한다〈「관광진흥법 시행령」 제22조(호텔업의 등급결정) 제1항〉.

※ 가족호텔업은 2019년 11월 19일 시행령 개정으로 추가되었다.

36 관광 스토리텔링에 관한 설명으로 옳은 것은?

① 소셜관광으로서 사회정책 지원활동이 포함된 관광이다.

② 관광자원의 감성적 테마를 기획·창작하여 흥미로움을 전달하는 관광이다.

③ 재난 발생지를 방문하여 교훈을 얻는 특별목적의 관광이다.

④ 관광지의 자연환경과 경제를 위해 장기적인 편익을 발생시키는 관광이다.

37 우리나라 테마파크의 분류로 적합하지 않은 것은?

① 시민들을 위한 유원지 공원

② 어린이와 청소년을 위한 놀이기구 공원

③ 자연 보존을 위한 국립공원

④ 특정 개념을 가진 공원

>>>>>>>>> 36.② 37.③

ADVICE

36 관광 스토리텔링의 개념은 일반적인 해설의 개념보다 넓은 개념으로 관광지를 둘러싼 스토리를 중심으로 관광과 관광객들이 공동으로 만들어 가는 의미체계를 말한다. 다양한 맥락 속에서의 참여자들 간 상호작용이 존재하므로 관광객·관광지·지역주민이 공동의 감성체계를 만들어가는 것이 관광 스토리텔링의 진정한 의미라고 할 수 있다.

37 ③ 테마파크란 특정한 주제를 정하여, 사람들이 즐길 수 있도록 만든 공간으로 자연 보존을 위한 국립공원은 테마파크로 분류되지 않는다.

38 국내 노인복지관광과 관련된 정책이 아닌 것은?

① 노인 돌봄여행 서비스

② 문화누리카드 사업

③ 사회적 관광

④ 슬로시티 관광

39 관광객을 위한 원스톱 예약결제시스템과 관련되지 않은 것은?

① 플랫폼 설계　　　　　　　　　　② 온라인 관광정보

③ 어플리케이션　　　　　　　　　　④ 현금 결제

40 젠트리피케이션(Gentrification)이 관광산업에 미치는 영향이 아닌 것은?

① 관광시설의 임대료 상승

② 지속가능한 관광

③ 도시관광의 성장

④ 기존 거주민과 상인들 간의 갈등

>>>>>>>> 38.④　39.④　40.②

ADVICE

38 ④ 슬로시티란 느림의 철학을 바탕으로 자연 생태 환경과 전통문화를 지키는 삶을 추구하는 사회 운동이다.
　※ 슬로시티 선언 … 우리는 삶의 질을 높이기 위해 노력하는 사람들이 흥미를 갖는 도시, 훌륭한 극장, 가게, 카페, 여관, 사적, 그리고 풍광이 훼손되지 않는 도시, 전통 장인의 기술이 살아 있고 현지의 제철 농산물을 활용할 수 있는 도시, 건강한 음식, 건강한 생활, 즐거운 삶이 공동체의 중심이 되는 도시를 추구한다.

39 원스톱 예약결제시스템은 온라인 등을 통해 예약부터 결제까지 한 번에 가능한 것을 말한다.

40 젠트리피케이션(Gentrification)이란 낙후된 구도심 지역이 활성화되어 중산층 이상의 계층이 유입됨으로써 기존의 저소득층 원주민을 대체하는 현상을 가리킨다. 대표적 사례로 홍대 앞이나 경리단길, 서촌, 상수동 등이 있다. 이러한 지역은 과거 저렴한 임대료로 소규모의 개성있는 상점들이 들어서면서 입소문을 타고 유동인구가 늘어났지만, 상권이 활성화되면서 자본이 유입되어 대형 프랜차이즈 점포가 입점하는 등 대규모 상업지구로 변하였고, 결국 치솟은 임대료를 감당하지 못한 기존의 소규모 상점들이 문을 닫게 되고 이전의 독특한 분위기도 사라져버리는 현상이 나타났다.

41 우리나라에서 지정한 관광특구가 아닌 곳은?

① 동대문 패션타운

② 강원도 대관령

③ 경남 미륵도

④ 경기도 남이섬

>>>>>>>> 41.④

ADVICE

41 관광특구 지정 현황(2023. 4. 3. 기준)

지역	특구명
서울(6)	명동 · 남대문 · 북창동, 다동 · 무교동, 이태원, 동대문 패션타운, 종로 · 청계, 잠실, 강남마이스, 홍대문화예술
부산(2)	해운대, 용두산 · 자갈치
인천(1)	월미
대전(1)	유성
경기(5)	동두천, 평택시 송탄, 고양, 수원 화성, 통일동산
강원(2)	설악, 대관령
충북(3)	수안보온천, 속리산, 단양
충남(2)	아산시온천, 보령해수욕장
전북(2)	무주 구천동, 정읍 내장산
전남(2)	구례, 목포
경북(3)	경주시, 백암온천, 문경, 포항 영일만
경남(2)	부곡온천, 미륵도
제주(1)	제주도
총 13개 시 · 도	34개소

42 관광 서비스와 정보통신기술(ICT: Information Communication Technology)의 융합 사례가 아닌 것은?

① 온라인 기반 여행사

② 스마트 관광도시

③ 관광특구 지정

④ 빅데이터 활용 맞춤형 서비스

43 A는 다음의 조건을 모두 갖춘 숙박시설 운영을 계획하고 있다. A가 운영하려는 숙박시설의 유형은?

> • 자연 및 주변 환경과 조화를 이룰 수 있는 3층 이하의 건축물일 것
> • 객실이 30실 이하일 것
> • 취사 및 숙박에 필요한 시설을 갖출 것
> • 바베큐장 · 캠프파이어 등 주인의 환대가 가능한 1종류 이상의 이용시설을 갖출 것
> • 숙박 및 이용시설에 대하여 외국어 안내표기를 할 것

① 관광펜션

② 가족호텔

③ 한국전통호텔

④ B&B(Bed & Breakfast)

〉〉〉〉〉〉〉〉 42.③ 43.①

ADVICE

42 ③ 관광특구란 외국인 관광객의 유치 촉진 등을 위하여 관광 활동과 관련된 관계 법령의 적용이 배제되거나 완화되고, 관광 활동과 관련된 서비스 · 안내 체계 및 홍보 등 관광 여건을 집중적으로 조성할 필요가 있는 지역을 법에 따라 지정한 곳으로, 관광 서비스와 정보통신기술(ICT)의 융합 사례로는 볼 수 없다.

43 관광펜션업의 지정기준〈「관광진흥법 시행규칙」 별표 2. 관광 편의시설업의 지정기준 참고〉

ⓐ 자연 및 주변환경과 조화를 이루는 4층 이하의 건축물일 것

ⓑ 객실이 30실 이하일 것

ⓒ 취사 및 숙박에 필요한 설비를 갖출 것

ⓓ 바비큐장, 캠프파이어장 등 주인의 환대가 가능한 1종류 이상의 이용시설을 갖추고 있을 것(다만, 관광펜션이 수개의 건물 동으로 이루어진 경우에는 그 시설을 공동으로 설치할 수 있다)

ⓔ 숙박시설 및 이용시설에 대하여 외국어 안내 표기를 할 것

44 UNWTO(세계관광기구) 관광통계기준에 의한 관광객은?

① 국경을 오가는 계절적 근로자

② 국경을 오가는 성지순례객

③ 공항 내 통과여객

④ 외교관, 영사, 주둔군인 및 그 가족

>>>>>>>> **44.②**

ADVICE

44 세계관광기구(UNWTO)의 관광자 구분(1984)

구분	내용
관광 통계 포함	• 관광자(Tourist) : 국경을 넘어 유입된 방문객이 24시간 이상 체재하며 위락, 휴가, 스포츠, 사업, 친척·친지방문, 회의참가, 연구, 종교 등의 목적으로 여행하는 자 • 당일 관광자(Excursionist) : 방문국에서 24시간 미만 체재하는 자(선박여행객, 낮에만 방문자, 선원, 승무원 등) • 통과 관광객(Overland tourist) : 육로나 선박을 이용하여 입국한 외국인 승객으로 a지역에서 b지역으로 이동하는 사이에 임시 상륙하여 관광하는 자
관광 통계 불포함	• 국경근로자(border workers) : 국경에 인접하여 거주하면서 국경을 넘어 통근하는 자 • 통과객(transit passengers) : 항공통과여객이나 상륙이 허가되지 않는 선박 승객과 같이 입국심사를 통해 공식적으로 입국하지 아니한 자 • 장기이주자 : 1년 이상 체재하기 위하여 입국하는 자와 그 가족 및 동반자 • 단기이주자 : 1년 미만 체재하되, 취업목적 입국자와 그 가족 및 동반자 • 외교관·영사 : 대사관이나 영사관에 상주하는 외교관과 영사 및 그 가족 • 군인 : 주둔하는 외국 군대의 구성원 및 그 가족과 동반자 • 망명자(refugees) : 인종, 종교, 국적, 특정단체의 회원가입 또는 정치적 견해에서 기인한 박해에 대해 국적을 벗어나 있고, 이로 인해 국적의 보호를 받을 수 도 없고, 그에 대한 두려움 때문에 받고자 하지도 않는 자 • 유랑자 : 정기적으로 입국 또는 출국하여 상당기간 체류하는 자, 또는 국경에 인접하여 생활관계로 짧은 기간 동안 매우 빈번하게 국경을 넘나드는 자 • 무국적자 : 신분을 증명하는 서류로는 항공권 등 의 교통 티켓을 소지하고 있는 자로서 방문하고자 하는 나라에서 국적 불명으로 인정하는 자

45 플로그(Plog, S. C.)가 제안한 안전지향형(Psychocentrics) 성격을 가진 관광객의 관광행태가 아닌 것은?

① 패키지상품 선호

② 대규모 현대식 숙박시설 선호

③ 잘 알려진 관광지 선호

④ 모험지향형 관광경험 추구

46 관광현상의 시대별 변천과정을 순서대로 연결한 것은?

㉠ Mass Tourism	㉡ Tourism
㉢ Tour	㉣ Alternative Tourism

① ㉠ - ㉡ - ㉢ - ㉣　　　　② ㉢ - ㉠ - ㉣ - ㉡

③ ㉢ - ㉡ - ㉠ - ㉣　　　　④ ㉣ - ㉠ - ㉡ - ㉢

〉〉〉〉〉〉〉〉　45.④　46.③

ADVICE

45 플로그는 관광자의 성격 및 심리적 특성에 따라 안전지향형(사이코센트릭형), 중간지향형(미드센트릭형), 모험지향형(알로센트릭형)의 3가지로 분류했다.

④ 모험지향형 관광경험을 추구하는 것은 모험지향형의 특성이다.

※ 안전지향형과 모험지향형의 특성

모험지향형(Allocentric) 특성	안전지향형(Psychocentric) 특성
여행을 자주한다.	여행을 자주 하지 않는다.
장기간의 여행	단기간의 여행
모험적	안전지향적
자신감	자신감이 결여
외향적	내성적
불안, 걱정, 근심이 없다.	항상 근심 걱정이 많다.
다양한 수단을 이용하여 여행	자가용을 이용하여 여행
이국적인 관광지를 선호	친숙하고 안전한 관광지를 선호
여행하는 동안 평소보다 더 많은 지출	여행하는 동안 최소한의 지출

46 관광은 시대에 따라 Tour(여행) → Tourism(관광) → Mass Tourism(대중관광) → Alternative Tourism(대안관광)으로 변모해 왔다.

47 카지노를 중심으로 호텔, 컨벤션시설, 테마파크, 엔터테인먼트시설, 레스토랑, 쇼핑센터 등의 다양한 시설들이 동일 공간에 조성되어 있는 관광시설은?

① 관광특구   ② 메가(Mega) 쇼핑몰
③ 디즈니월드   ④ 복합리조트

48 한국관광공사가 수행하는 사업이 아닌 것은?

① 외래관광객 유치를 위한 홍보
② 관광 관련 전문인력의 양성과 훈련사업
③ 관광에 관한 국제협력의 증진
④ 관광진흥장기발전계획 수립

>>>>>>>> **47.**④ **48.**④

ADVICE

47 복합리조트란 카지노, 호텔, 쇼핑몰, 대형 회의장 따위의 다양한 시설과 기능을 갖춘 리조트를 말한다.

48 한국관광공사의 수행 사업〈「한국관광공사법」 제12조 제1항〉
　　㉠ 국제관광 진흥사업
　　　• 외국인 관광객의 유치를 위한 홍보
　　　• 국제관광시장의 조사 및 개척
　　　• 관광에 관한 국제협력의 증진
　　　• 국제관광에 관한 지도 및 교육
　　㉡ 국민관광 진흥사업
　　　• 국민관광의 홍보
　　　• 국민관광의 실태 조사
　　　• 국민관광에 관한 지도 및 교육
　　　• 장애인, 노약자 등 관광취약계층에 대한 관광 지원
　　㉢ 관광자원 개발사업
　　　• 관광단지의 조성과 관리, 운영 및 처분
　　　• 관광자원 및 관광시설의 개발을 위한 시범사업
　　　• 관광지의 개발
　　　• 관광자원의 조사
　　㉣ 관광산업의 연구 · 개발사업
　　　• 관광산업에 관한 정보의 수집 · 분석 및 연구
　　　• 관광산업의 연구에 관한 용역사업
　　㉤ 관광 관련 전문인력의 양성과 훈련 사업
　　㉥ 관광사업의 발전을 위하여 필요한 물품의 수출입업을 비롯한 부대사업으로서 이사회가 의결한 사업

49 주사위를 넣은 용기를 진동하여 결정된 3개의 주사위 합이 플레이어가 베팅한 숫자 혹은 숫자의 조합과 일치하면 정해진 배당금을 지급하는 카지노 게임은?

① 블랙잭　　　　　　　　　　　　　　② 바카라
③ 다이사이　　　　　　　　　　　　　④ 크랩스

50 용어에 관한 설명 중 옳지 않은 것은?

① CSF(Charter Service Flight) : 부정기항공운송
② LCC(Low Convenience Carrier) : 저가항공사
③ SSF(Scheduled Service Flight) : 정기항공운송
④ ICAO(International Civil Aviation Organization) : 국제민간항공기구

〉〉〉〉〉〉〉〉　**49.**③　**50.**②

ADVICE

49 제시된 내용은 다이사이에 대한 설명이다.
　① **블랙잭** : 일명 21(Twenty One)이라 불리기도 하며, 가장 많이 알려진 카드 게임으로 딜러와 플레이어 중 카드의 합이 21 또는 21에 가장 가까운 숫자를 가지는 쪽이 이기는 게임이다.
　② **바카라** : 딜러가 플레이어와 뱅커 카드를 바카라 룰에 의거하여 딜링한 후, 카드 숫자의 합을 비교하여 9에 가까운 쪽이 이기는 게임이다.
　④ **크랩스** : 주사위 2개를 던져서 나올 수 있는 숫자의 확률에 의하여 이루어지는 게임이다.

50 ② 저가항공사를 가리키는 용어 LCC는 Low Cost Carrier의 약자이다.

 국사

1 옥저에 관한 설명으로 옳은 것은?

① 서옥제가 있었다.

② 민며느리제가 있었다.

③ 책화라는 풍습이 있었다.

④ 영고라는 제천행사가 있었다.

2 신라 지증왕의 업적으로 옳은 것은?

① 금관가야를 병합하였다.

② 우산국을 정복하였다.

③ 황룡사에 구층 목탑을 세웠다.

④ 관산성에서 백제 성왕을 살해하였다.

〉〉〉〉〉〉〉〉〉 1.② 2.②

ADVICE

1 ② 민며느리제는 옥저의 결혼 풍습으로, 여자의 나이가 10세가량이 되면 약혼을 하고 남자의 집에 가서 살다가 성인이 된 후 여자의 집에 돈을 치르고 정식 혼례를 올렸다. 여성 노동력 확보를 위한 일종의 매매혼으로 볼 수 있다.
　　① 고구려 ③ 동예 ④ 부여

2 ② 이사부가 우산국을 정복한 것은 512년(지증왕 13)의 일이다.
　　① 금관가야 병합 : 532년(법흥왕 19)
　　③ 황룡사 9층 목탑 : 643~645년(선덕여왕 12~15)
　　④ 관산성 전투 : 554년(진흥왕 15)

3 5세기대에 고구려에서 발생한 역사적 사건으로 옳은 것은?

① 고국천왕이 진대법을 실시하였다.

② 미천왕이 낙랑군을 축출하였다.

③ 연개소문이 정변을 일으켰다.

④ 장수왕이 도읍을 평양으로 옮겼다.

4 다음에 해당하는 인물은?

> 설총을 낳은 후로는 스스로 소성거사라 일컬었다. 그는 「십문화쟁론」을 저술하고, 화쟁사상을 주장하였다.

① 혜자   ② 의상
③ 원효   ④ 원광

〉〉〉〉〉〉〉〉 3.① 4.③

ADVICE

3 ④ 평양 천도 : 427년(장수왕 15)
　　① 진대법 실시 : 194년(고국천왕 16)
　　② 낙랑군 축출 : 313년(미천왕 14)
　　③ 연개소문 정변 : 642년(영류왕 25)

4 제시된 내용은 신라의 승려이자 설총의 아버지인 원효에 대한 설명이다. 원효는 일심사상과 화쟁사상을 중심으로 불교의 대중화에 힘썼다. 주요 저서로 「십문화쟁론」 외에 「금강삼매경론」, 「기신론별기」, 「대승기신론소」, 「법화경종요」 등이 있다.

5 왕건과 관련된 사건 중 시간 순서상 가장 마지막에 일어난 것은?

① 송악으로 수도를 옮겼다.

② 신라 경순왕이 고려에 항복하였다.

③ 금성(나주)을 정벌하였다.

④ 신검이 이끄는 후백제군이 패하면서 후백제가 멸망하였다.

6 고려후기 문화 교류에 관한 설명으로 옳은 것은?

① 유학자들에 의해 성리학이 수용되었다.

② 원나라의 영향으로 상감청자를 만들기 시작하였다.

③ 새롭게 들어온 다포양식으로 부석사에 무량수전을 지었다.

④ 의학과 약학 지식을 정리하여 「의방유취」를 간행하였다.

>>>>>>>>> 5.④ 6.①

ADVICE

5 시간상 빠른 순서로 나열하면 다음과 같다.

③ 금성(나주) 정벌 : 903년(궁예 3년)

① 송악 천도 : 919년(태조 2)

② 경순왕 항복 : 935년(태조 18)

④ 후백제 멸망 : 936년(신검 2년)

6 ① 성리학은 고려 후기 유학자들에 의해 수용되어 조선에 와서 본격적으로 발달하였다.

② 상감기법은 고려의 도공들이 처음으로 창안해 낸 고려청자만의 독특한 기법이다.

③ 다포양식은 고려 후기에 원으로부터 전래되어 조선에서 성행했다. 부석사 무량수전은 주심포양식으로 지어졌다.

④ 「의방유취」는 조선 세종의 명으로 1445년(세종 27)에 완성한 동양 최대의 의학사전이다.

7 고려시대 신분제에 관한 설명으로 옳은 것을 모두 고른 것은?

> ㉠ 문벌귀족은 음서와 공음전의 특권을 누렸다.
> ㉡ 향리는 세습직이어서 과거 응시가 금지되었다.
> ㉢ 백정은 조세, 공납, 역을 부담하였다.
> ㉣ 군현민이 반란을 일으키면 군현을 향·소·부곡으로 강등하기도 하였다.

① ㉠, ㉡
② ㉠, ㉢, ㉣
③ ㉡, ㉢, ㉣
④ ㉠, ㉡, ㉢, ㉣

8 고려시대 문화와 사상에 관한 설명으로 옳지 않은 것은?

① 무신집권기에는 불교의 결사운동이 활발하게 전개되었다.
② 부처의 힘을 빌려 외적의 침략을 막고자 「불조직지심체요절」을 간행하였다.
③ 일연의 「삼국유사」와 이승휴의 「제왕운기」에서 단군에 대해 서술하였다.
④ 풍수지리설은 묘청의 서경 천도 운동의 이론적 근거가 되었다.

ADVICE

7 ㉡ 향리는 지방 관청의 행정실무를 처리하는 하급관리로, 토착적이고 세습적인 성격이 있다. 그러나 고려의 향리는 법적으로 과거 응시에 제한이 없어 중앙관료로 진출하기도 하였다.

8 ② 「불조직지심체요절」은 고려 말의 승려 경한이 선을 깨닫는 데 필요한 내용을 뽑아 엮은 책이다. 부처의 힘으로 몽골군을 물리치기 위해 간행한 것은 팔만대장경이다.

9 다음에서 설명하는 조선시대 교육기관은?

> • 사림이 중앙 정계에 진출하면서 지방에 많이 세워졌다.
> • 훌륭한 유학자의 제사를 지내고 성리학을 연구하는 곳이다.
> • 붕당의 형성에 영향을 주었다.

① 서당　　　　　　　　　　② 향교
③ 서원　　　　　　　　　　④ 태학

10 조선후기 경제에 관한 설명으로 옳지 않은 것은?

① 관영수공업이 발달하고 민영수공업이 쇠퇴하였다.
② 농촌에서 이탈한 농민들은 도시로 가서 상공업에 종사하기도 하였다.
③ 시전상인들은 왕실이나 관청에 물품을 공급하는 대신 특정 상품에 대한 독점권을 가지고 있었다.
④ 청이나 일본과의 무역을 통해 거상으로 성장하는 상인들도 있었다.

>>>>>>>> 9.③　10.①

ADVICE

9　제시된 내용은 조선 중기 이후 사림이 중앙 정계에 진출하면서 학문 연구와 선현제향(先賢祭享)을 위하여 설립한 교육기 관이자 향촌 자치 운영기구인 서원에 대한 설명이다. 1543년 풍기 군수 주세붕이 성리학을 전래한 안향을 제사지내기 위 해 만든 백운동 서원이 우리나라 최초의 서원이다.

10　① 조선 후기 상품경제의 발달과 함께 장인세를 납부하고 부역을 면제받는 납포장이 증가하면서 관영수공업이 쇠퇴하고 민영수공업이 발달하였다.

11 조선 성종대에 편찬한 조선왕조의 기본 법전은?

① 경국대전

② 대전통편

③ 조선경국전

④ 국조오례의

12 (가) 시기에 관한 설명으로 옳지 않은 것은?

임진왜란 발발 → (가) → 병자호란 발발

① 후금이 침입하자 인조는 강화도로 피난하였다.

② 이순신이 명량에서 왜군을 크게 물리쳤다.

③ 조선과 명의 연합군이 평양성을 왜군으로부터 탈환하였다.

④ 조선의 관리들이 백두산 일대를 답사하고 백두산정계비를 세웠다.

>>>>>>>>> 11.① 12.④

ADVICE

11 **경국대전** … 조선시대에 나라를 다스리는 기준이 된 최고 법전으로, 세조 때 집필을 시작하여 1485년 (성종 16)에 최종완성하여 시행하였다.

② **대전통편** : 1785년(정조 9)에 「경국대전」과 「속대전」 등 법령집을 통합하여 편찬한 법전

③ **조선경국전** : 1394년(태조 3) 정도전이 왕에게 지어 바친 사찬 법전

④ **국조오례의** : 세조의 명을 받들어 오례의 예법과 절차에 대해 그림을 곁들여 편찬한 책으로 1474년(성종 5) 신숙주·정척 등이 완성

12 **임진왜란** : 1592~1598년(선조 25~31)

병자호란 : 1636~1637년(인조 14~15)

④ 백두산정계비는 1712(숙종 38)에 조선과 청나라 사이의 경계를 표시하고자 백두산에 세운 비석이다.

13 발생한 사건을 시기 순으로 올바르게 나열한 것은?

> ㉠ 안중근의 이토 히로부미 저격
> ㉡ 봉오동 전투 · 청산리 대첩
> ㉢ 이봉창 · 윤봉길 의거
> ㉣ 김원봉의 조선의용대 조직

① ㉠ → ㉡ → ㉢ → ㉣
② ㉠ → ㉢ → ㉡ → ㉣
③ ㉡ → ㉢ → ㉣ → ㉠
④ ㉡ → ㉣ → ㉢ → ㉠

14 발생 시기 순으로 ㈎에 들어갈 사건으로 옳은 것은?

> 제1차 한 · 일 협약 → 을사조약(제2차 한 · 일 협약)체결 → ㈎ → 한일병합조약 체결

① 을미사변
② 토지조사령 공포
③ 간도협약 체결
④ 한 · 일 의정서 체결

〉〉〉〉〉〉〉〉 13.① 14.③

ADVICE

13 ㉠ 안중근의 이토 히로부미 저격 : 1909년 10월
　　㉡ 봉오동 전투 · 청산리 대첩 : 1920년 6월, 1920년 10월
　　㉢ 이봉창 · 윤봉길 의거 : 1932년 1월, 1932년 4월
　　㉣ 김원봉의 조선의용대 조직 : 1938년

14 일제는 1905년 을사조약 체결로 대한제국의 외교권을 박탈한 뒤 청나라와 간도문제에 대한 교섭을 벌여 오다가 남만주 철도 부설권과 푸순의 탄광 채굴권을 대가로 받고 간도를 청나라에 넘기는 협약을 체결하였다.
　　① 을미사변 : 1985년
　　② 토지조사령 : 1912년
　　④ 한 · 일의정서 : 1904년

15 6 · 25전쟁 발발 이전에 있었던 사실이 아닌 것은?

① 제주 4 · 3사건

② 좌우합작 7원칙 발표

③ 3 · 15 부정 선거

④ 반민족행위 처벌법 제정 · 공포

〉〉〉〉〉〉〉〉 15.③

ADVICE

15 6 · 25전쟁은 1950년에 발발하였다.

③ 3 · 15 부정 선거 : 1960년

① 제주 4 · 3사건 : 1948년

② 좌우합작 7원칙 발표 : 1946년

④ 반민족행위 처벌법 제정 · 공포 : 1948년

② 관광자원해설

16 관광자원에 관한 설명으로 옳지 않은 것은?

① 관광객의 관광동기를 일으키는 매력성이 있다.
② 관광객의 관광행동을 끌어들이는 유인성이 있다.
③ 관광자원은 보존과 보호가 필요하다.
④ 관광자원의 가치는 시대나 사회구조의 변화와 관계없이 변하지 않는다.

17 우리나라에서 최초로 지정된 국립공원은?

① 한라산
② 북한산
③ 지리산
④ 설악산

>>>>>>>> 16.④ 17.③

ADVICE

16 ④ 관광자원의 가치는 시대와 사회구조의 변화에 따라 변화하는 가변성을 가진다.

17 우리나라 최초의 국립공원은 1967년 12월 29일에 지정된 지리산국립공원이다.
① 한라산국립공원 : 1970년 3월 24일
② 북한산국립공원 : 1983년 4월 2일
④ 설악산국립공원 : 1970년 3월 24일

18 농업관광의 기대효과로 옳지 않은 것은?

① 유휴자원의 소득자원화

② 농촌지역의 삶의 질 향상

③ 농촌의 도시화 촉진

④ 농촌과 도시와의 상호교류

19 지역과 문화관광축제의 연결이 옳지 않은 것은?

① 강릉 – 마임축제

② 화천 – 산천어축제

③ 무주 – 반딧불축제

④ 김제 – 지평선축제

20 위락적 관광자원이 아닌 것은?

① 면세점

② 카지노

③ 테마파크

④ 스키장

>>>>>>>> 18.③ 19.① 20.①

ADVICE

18 농업관광을 통해 농촌과 도시와의 상호교류를 꾀하고, 유휴자원의 소득자원화로 농촌지역의 삶의 질을 향상시킬 수 있다.

19 ① 마임축제는 강원도 춘천시에서 매년 5월에 열리는 지역축제이다. 강원도의 지역축제로는 강릉 단오제와 커피축제, 정동진 해맞이축제, 주문진 오징어축제 등이 있다.

20 위락적 관광자원은 이용자의 자주적, 자기발전적 성향을 충족시킬 수 있는 동태적 관광자원이다.
① 면세점은 상업적 관광자원에 해당한다.

21 국가지정문화재 중 국보가 아닌 것은?

① 서울 북한산 신라 진흥왕 순수비   ② 서울 원각사지 십층석탑

③ 서울 흥인지문   ④ 서울 숭례문

22 사적에 관한 설명으로 옳지 않은 것은?

① 경주 포석정지는 사적 제1호이다.

② 부여 가림성은 백제시대에 축조되었다.

③ 공주 공산성은 백제역사유적지구이다.

④ 서울 한양도성은 유네스코 세계유산이다.

23 다음 설명에 해당하는 것은?

> • 국가무형문화재 제1호
> • 유네스코 인류무형유산으로 등재
> • 조선시대 역대 왕과 왕비의 신위를 모신 사당에서 제사를 지낼 때 기악연주와 노래 · 춤이 어우러진 음악

① 농악   ② 종묘제례악

③ 판소리   ④ 처용무

>>>>>>>> 21.③   22.④   23.②

ADVICE

21 ③ 서울 흥인지문 – 보물 제1호

  ① 서울 북한산 신라 진흥왕 순수비 – 국보 제3호

  ② 서울 원각사지 십층석탑 – 국보 제2호

  ④ 서울 숭례문 – 국보 제1호

22 ④ 서울시 종로구에 있는 조선시대의 석조 성곽인 한양도성은 사적 제10호이다. 유네스코 세계유산으로 지정되지는 않았다.

23 제시된 내용은 국가무형문화재 제1호에 해당하는 종묘제례악에 대한 설명이다.

  ③ **판소리** : 국가무형문화재 제5호

  ④ **처용무** : 국가무형문화재 제39호

24 명승에 해당하는 것을 모두 고른 것은?

> ㉠ 고양 서오릉
> ㉡ 영주 소수서원
> ㉢ 완도 정도리 구계등
> ㉣ 명주 청학동 소금강

① ㉠, ㉡

② ㉠, ㉣

③ ㉡, ㉢

④ ㉢, ㉣

25 유네스코에 등재된 세계유산(문화유산)이 아닌 것은?

① 창덕궁

② 옛 보신각 동종

③ 남한산성

④ 조선왕릉

>>>>>>>> **24.④   25.②**

ADVICE

24 ㉢ 완도 정도리 구계등 : 명승 제3호

㉣ 명주 청학동 소금강 : 명승 제1호

㉠ 고양 서오릉 : 사적 제198호

㉡ 영주 소수서원 : 사적 제55호

※ 명승과 사적

㉠ **명승** : 유명한 건물이나 꽃·나무·새·짐승·물고기·벌레 등의 서식지, 유명한 경승지·산악·협곡·해협·곶·
심연·폭포·호수·급류 등 특색 있는 하천·고원·평원·구릉·온천지 등

㉡ **사적** : 선사유적, 성곽, 고분, 도요지, 지석묘, 사지, 패총 등과 역사적으로 특별히 기념될 만한 지역과 시설물

25 유네스코가 지정한 우리나라 세계유산으로는 해인사 장경판전, 석굴암·불국사, 창덕궁, 화성, 고창·화순·강화 고인돌
유적, 경주역사유적지구, 제주 화산섬과 용암동굴, 조선 왕릉, 종묘, 한국의 역사마을 ; 하회와 양동, 남한산성, 백제역사
유적지구, 산사 ; 한국의 산지 승원, 한국의 서원, 한국의 갯벌, 가야고분군이 있다.
② 옛 보신각 동종은 보물 제2호이다.

26 다음 중 관광진흥개발기금법령상 기금에 납부해야 하는 금액이 가장 큰 경우는? (기출변형)

① 국내 항만을 통해서 출국하는 13세 어린이의 경우

② 국내 항만을 통해서 입국하려 하였지만 입국이 거부되어 출국하는 자의 경우

③ 출입국관리법에 따른 강제퇴거 대상자 중 국비로 강제 출국되어 국내 공항을 통해서 출국하는 외국인의 경우

④ 국내 공항을 통해서 입국하는 대한민국 군인의 경우

>>>>>>>>> 26.①

ADVICE

26 ① 12세 이상 어린이가 선박을 이용하는 경우에 해당하므로, 1천원이다.

② 입국이 허용되지 아니하거나 거부되어 출국하는 자에 해당하여 납부금의 납부대상에서 제외된다.

③ 「출입국관리법」 제46조에 따른 강제퇴거 대상자 중 국비로 강제 출국되는 외국인은 납부금의 납부대상에서 제외된다.

④ 출국납부금은 국내 공항과 항만을 통하여 출국하는 자로서 대통령령으로 정하는 자를 대상으로 한다. 입국하는 경우 해당되지 않는다.

※ 납부금의 납부대상 및 금액〈「관광진흥개발기금법 시행령」 제1조의2〉

① 「관광진흥개발기금법」 제2조 제3항에서 "대통령령으로 정하는 자"란 다음 각 호의 어느 하나에 해당하는 자를 제외한 자를 말한다.

1. 외교관여권이 있는 자

2. 12세 미만인 어린이

3. 국외로 입양되는 어린이와 그 호송인

4. 대한민국에 주둔하는 외국의 군인 및 군무원

5. 입국이 허용되지 아니하거나 거부되어 출국하는 자

6. 「출입국관리법」 제46조에 따른 강제퇴거 대상자 중 국비로 강제 출국되는 외국인

7. 공항통과 여객으로서 다음 각 목의 어느 하나에 해당되어 보세구역을 벗어난 후 출국하는 여객

가. 항공기 탑승이 불가능하여 어쩔 수 없이 당일이나 그 다음 날 출국하는 경우

나. 공항이 폐쇄되거나 기상이 악화되어 항공기의 출발이 지연되는 경우

다. 항공기의 고장·납치, 긴급환자 발생 등 부득이한 사유로 항공기가 불시착한 경우

라. 관광을 목적으로 보세구역을 벗어난 후 24시간 이내에 다시 보세구역으로 들어오는 경우

8. 국제선 항공기 및 국제선 선박을 운항하는 승무원과 승무교대를 위하여 출국하는 승무원

② 법 제2조 제3항에 따른 납부금은 7천원으로 한다. 다만, 선박을 이용하는 경우에는 1천원으로 한다.

27 관광기본법상 지방자치단체가 하여야 하는 것은?

① 매년 관광진흥에 관한 시책과 동향에 대한 보고서를 정기국회가 종료되기 전까지 국회에 제출 하여야 한다.

② 관광에 관한 국가시책에 필요한 시책을 강구하여야 한다.

③ 외국 관광객의 유치를 촉진하기 위하여 해외 홍보를 강화하고 출입국 절차를 개선하여야 한다.

④ 관광진흥의 기반을 조성하기 위하여 관광진흥에 관한 국가기본계획을 수립·시행하여야 한다.

28 국제회의산업 육성에 관한 법령상 문화체육관광부장관이 지정한 국제회의 전담조직의 담당 업무에 해당하지 않는 것은?

① 국제회의의 유치

② 국제회의산업의 국외 홍보

③ 국제회의 전문인력의 교육

④ 국제회의도시의 지정

〉〉〉〉〉〉〉〉 27.② 28.④

ADVICE

27 ② 지방자치단체는 관광에 관한 국가시책에 필요한 시책을 강구하여야 한다〈「관광기본법」 제6조(지방자치단체의 협조)〉.

① 정부는 매년 관광진흥에 관한 시책과 동향에 대한 보고서를 정기국회가 시작하기 전까지 국회에 제출하여야 한다〈「관광기본법」 제4조(연차보고)〉.

③ 정부는 외국 관광객의 유치를 촉진하기 위하여 해외 홍보를 강화하고 출입국 절차를 개선하며 그 밖에 필요한 시책을 강구하여야 한다〈「관광기본법」 제7조(외국 관광객의 유치)〉.

④ 정부는 관광진흥의 기반을 조성하고 관광산업의 경쟁력을 강화하기 위하여 관광진흥에 관한 기본계획을 5년마다 수립·시행하여야 한다〈「관광기본법」 제3조(관광진흥계획의 수립) 제1항〉.

28 국제회의 전담조직의 업무〈「국제회의산업 육성에 관한 법률 시행령」 제9조〉

1. 국제회의의 유치 및 개최 지원
2. 국제회의산업의 국외 홍보
3. 국제회의 관련 정보의 수집 및 배포
4. 국제회의 전문인력의 교육 및 수급(需給)
5. 법 제5조 제2항에 따라 지방자치단체의 장이 설치한 전담조직에 대한 지원 및 상호 협력
6. 그 밖에 국제회의산업의 육성과 관련된 업무

29 관광진흥법령상 기획여행을 실시하는 자가 광고를 할 경우 표시하여야 하는 내용이 아닌 것은?

① 여행업의 등록번호

② 여행경비

③ 최저 여행인원

④ 여행일정 변경 시 여행자의 사후 동의 규정

30 관광진흥법령상 관광종사원 자격취소 사유에 해당하지 않는 것은?

① 거짓이나 부정한 방법으로 자격을 취득한 경우

② 관광종사원으로서 직무를 수행하는 데 부정 또는 비위 사실이 있는 경우

③ 관광종사원으로서 업무수행능력이 부족한 경우

④ 다른 사람에게 관광종사원 자격증을 대여한 경우

>>>>>>>> **29.④ 30.③**

ADVICE

29 기획여행의 광고〈「관광진흥법 시행규칙」 제21조〉… 법 제12조에 따라 기획여행을 실시하는 자가 광고를 하려는 경우에는 다음 각 호의 사항을 표시하여야 한다. 다만, 2 이상의 기획여행을 동시에 광고하는 경우에는 다음 각 호의 사항 중 내용이 동일한 것은 공통으로 표시할 수 있다.

1. 여행업의 등록번호, 상호, 소재지 및 등록관청
2. 기획여행명·여행일정 및 주요 여행지
3. 여행경비
4. 교통·숙박 및 식사 등 여행자가 제공받을 서비스의 내용
5. 최저 여행인원
6. 제18조 제2항에 따른 보증보험 등의 가입 또는 영업보증금의 예치 내용
7. 여행일정 변경 시 여행자의 사전 동의 규정
8. 제22조의4 제1항 제2호에 따른 여행목적지(국가 및 지역)의 여행경보단계

30 자격취소 등〈「관광진흥법」 제40조〉… 문화체육관광부장관(관광종사원 중 대통령령으로 정하는 관광종사원에 대하여는 시·도지사)은 제38조 제1항에 따라 자격을 가진 관광종사원이 다음 각 호의 어느 하나에 해당하면 문화체육관광부령으로 정하는 바에 따라 그 자격을 취소하거나 6개월 이내의 기간을 정하여 자격의 정지를 명할 수 있다. 다만, 제1호 및 제5호에 해당하면 그 자격을 취소하여야 한다.

1. 거짓이나 그 밖의 부정한 방법으로 자격을 취득한 경우
2. 제7조 제1항 각 호(제3호는 제외한다)의 어느 하나에 해당하게 된 경우
3. 관광종사원으로서 직무를 수행하는 데에 부정 또는 비위(非違) 사실이 있는 경우
4. 삭제 〈2007. 7. 19.〉
5. 제38조 제8항을 위반하여 다른 사람에게 관광종사원 자격증을 대여한 경우

31 관광진흥법령상 국외여행 인솔자의 자격요건에 해당하지 않는 것은?

① 관광통역안내사 자격을 취득할 것

② 여행업체에서 6개월 이상 근무하고 국외여행 경험이 있는 자로서 문화체육관광부장관이 정하는 소양교육을 이수할 것

③ 국외여행 경험이 많으며 외국어 자격증을 보유할 것

④ 문화체육관광부장관이 지정하는 교육기관에서 국외여행 인솔에 필요한 양성교육을 이수할 것

32 관광진흥법령에서 사용하는 용어의 정의로 옳지 않은 것은?

① "관광사업자"란 관광사업을 경영하기 위하여 등록·허가 또는 지정을 받거나 신고를 한 자를 말한다.

② "민간개발자"란 관광단지를 개발하려는 개인이나 상법 또는 민법에 따라 설립된 법인을 말한다.

③ "관광사업"이란 관광객을 위하여 운송·숙박·음식·운동·오락·휴양 또는 용역을 제공하거나 그 밖에 관광에 딸린 시설을 갖추어 이를 이용하게 하는 업(業)을 말한다.

④ "종합여행업"이란 외국인을 제외한 내국인을 대상으로 하는 여행업을 말한다.

>>>>>>>> 31.③ 32.④

ADVICE

31 국외여행 인솔자의 자격요건〈「관광진흥법 시행규칙」 제22조 제1항〉 … 법 제13조 제1항에 따라 국외여행을 인솔하는 자는 다음 각 호의 어느 하나에 해당하는 자격요건을 갖추어야 한다.

1. 관광통역안내사 자격을 취득할 것

2. 여행업체에서 6개월 이상 근무하고 국외여행 경험이 있는 자로서 문화체육관광부장관이 정하는 소양교육을 이수할 것

3. 문화체육관광부장관이 지정하는 교육기관에서 국외여행 인솔에 필요한 양성교육을 이수할 것

32 여행업의 종류〈「관광진흥법 시행령」 제2조(관광사업의 종류 제1항 제1호)〉

㉠ **종합여행업** : 국내외를 여행하는 내국인 및 외국인을 대상으로 하는 여행업[사증(査證)을 받는 절차를 대행하는 행위를 포함한다]

㉡ **국내외여행업** : 국내외를 여행하는 내국인을 대상으로 하는 여행업(사증을 받는 절차를 대행하는 행위를 포함한다)

㉢ **국내여행업** : 국내를 여행하는 내국인을 대상으로 하는 여행업

33 관광진흥법령상 문화관광해설사의 선발 및 활용에 관한 설명으로 옳지 않은 것은?

① 문화체육관광부장관 또는 지방자치단체의 장은 문화관광해설사를 선발하여 활용할 수 있다.

② 지방자치단체의 장은 문화체육관광부령으로 정하는 바에 따라 이론 및 실습을 평가할 수 있다.

③ 문화체육관광부장관은 문화체육관광부령으로 정하는 바에 따라 1개월 이상의 실무수습을 마친 자에게 자격을 부여할 수 있다.

④ 지방자치단체의 장은 예산의 범위에서 문화관광해설사의 활동에 필요한 비용 등을 지원할 수 있다.

34 관광진흥법령상 지역관광협의회(이하 협의회) 설립에 관한 설명으로 옳지 않은 것은?

① 협의회를 설립하려는 자는 해당 지방자치단체의 장에게 신고하여야 한다.

② 협의회는 법인으로 한다.

③ 협의회에는 지역 내 관광진흥을 위한 이해 관련자가 고루 참여하여야 한다.

④ 협의회에 관하여 관광진흥법에 규정된 것 외에는 민법 중 사단법인에 관한 규정을 준용한다.

35 관광진흥법령상 여행업의 종류에 해당하지 않는 것은?

① 일반여행업

② 종합여행업

③ 국내외여행업

④ 국내여행업

〉〉〉〉〉〉〉〉 **33.③ 34.① 35.①**

ADVICE

33 ③ 문화체육관광부장관 또는 지방자치단체의 장은 제1항에 따라 문화관광해설사를 선발하는 경우 문화체육관광부령으로 정하는 바에 따라 이론 및 실습을 평가하고, 3개월 이상의 실무수습을 마친 자에게 자격을 부여할 수 있다〈「관광진흥법」 제48조의8(문화관광해설사의 선발 및 활용) 제2항〉.

34 ① 협의회에는 지역 내 관광진흥을 위한 이해 관련자가 고루 참여하여야 하며, 협의회를 설립하려는 자는 해당 지방자치단체의 장의 허가를 받아야 한다〈「관광진흥법」 제48조의9(지역관광협의회 설립) 제2항〉.

35 여행업의 종류〈「관광진흥법 시행령」 제2조(관광사업의 종류 제1항 제1호)〉
  ㉠ **종합여행업** : 국내외를 여행하는 내국인 및 외국인을 대상으로 하는 여행업[사증(査證)을 받는 절차를 대행하는 행위를 포함한다.]
  ㉡ **국내외여행업** : 국내외를 여행하는 내국인을 대상으로 하는 여행업(사증을 받는 절차를 대행하는 행위를 포함한다.)
  ㉢ **국내여행업** : 국내를 여행하는 내국인을 대상으로 하는 여행업

4 관광학개론

36 관광매체 중 기능적 매체가 아닌 것은?

① 여행업

② 교통업

③ 관광안내업

④ 관광기념품판매업

37 영국의 토마스 쿡이 최초로 단체여행을 성공시킨 시대는?

① Tour시대

② Tourism시대

③ Mass Tourism시대

④ New Tourism시대

〉〉〉〉〉〉〉〉 **36.② 37.②**

ADVICE

36 관광매체
ㄱ 시간적 매체 : 숙박시설, 휴식시설, 오락시설 등
ㄴ 공간적 매체 : 교통기관, 도로, 운수시설 등
ㄷ 기능적 매체 : 여행업, 통역안내업, 관광기념품판매업, 관광선전율 등

37 영국의 토마스 쿡이 역사상 최초로 영리 목적의 여행사인 'Tomas Cook & Son Ltd.'을 설립하여 단체여행을 성공시킨 것은 1841년의 일이다.
① Tour시대 : 고대 이집트와 그리스·로마시대부터 1830년대
② Tourism시대 : 1840년대 초부터 제2차 세계대전 이전
③ Mass Tourism시대(및 Social Tourism시대) : 제2차 세계대전 이후부터 1980년대 말
④ New Tourism시대 : 1990년대 이후

38 대한민국 국민의 국외여행 전면 자유화가 시행된 연도는?

① 1986년

② 1987년

③ 1989년

④ 1990년

39 마케팅 개념의 발전과정으로 옳은 것은?

① 생산지향적 개념 → 판매지향적 개념 → 제품지향적 개념 → 마케팅지향적 개념

② 제품지향적 개념 → 판매지향적 개념 → 생산지향적 개념 → 마케팅지향적 개념

③ 제품지향적 개념 → 생산지향적 개념 → 판매지향적 개념 → 마케팅지향적 개념

④ 생산지향적 개념 → 제품지향적 개념 → 판매지향적 개념 → 마케팅지향적 개념

40 마케팅의 촉진활동에 관한 설명으로 옳지 않은 것은?

① 판매촉진은 경쟁사의 모방이 용이하지 않다.

② 광고는 정보의 양이 제한적이다.

③ 인적판매는 정보의 양과 질이 우수하다.

④ 홍보는 정보의 통제가 어렵다.

>>>>>>>>> **38.③ 39.④ 40.①**

ADVICE

38 1986년 아시안게임과 1988년 올림픽을 유치하면서 국제화·세계화·개방화의 물결이 밀려들자 해외여행 자유화에 대해 검토하게 되었고, 1983년 1월 1일부터 50세 이상 국민에 한하여 200만 원을 1년간 예치하는 조건으로 연1회에 유효한 관광여권을 발급하는 조건부 해외여행이 가능하였다. 이후 전면적인 자유화가 이루어진 것은 1989년의 일이다.

39 마케팅의 개념은 생산자 중심에서 점차 제품, 소비자, 마케팅 활동 그 자체에 대한 개념을 중심으로 발전해 왔다.

40 ① 판매촉진은 경쟁사가 모방하기 쉽다. 따라서 자사만의 독특한 판매촉진을 통해 성공적인 마케팅을 완성하는 것이 중요하다.

41 한국관광공사가 수행하는 주요 사업이 아닌 것은?

① 국제관광시장의 조사 및 개척

② 국민관광의 실태조사

③ 회원의 공제사업

④ 관광관련 전문인력 양성과 훈련

>>>>>>>> **41.③**

ADVICE

41 한국관광공사의 사업〈「한국관광공사법」 제12조(사업) 제1항〉
　　1. 국제관광 진흥사업
　　　　가. 외국인 관광객의 유치를 위한 홍보
　　　　나. 국제관광시장의 조사 및 개척
　　　　다. 관광에 관한 국제협력의 증진
　　　　라. 국제관광에 관한 지도 및 교육
　　2. 국민관광 진흥사업
　　　　가. 국민관광의 홍보
　　　　나. 국민관광의 실태 조사
　　　　다. 국민관광에 관한 지도 및 교육
　　　　라. 장애인, 노약자 등 관광취약계층에 대한 관광 지원
　　3. 관광자원 개발사업
　　　　가. 관광단지의 조성과 관리, 운영 및 처분
　　　　나. 관광자원 및 관광시설의 개발을 위한 시범사업
　　　　다. 관광지의 개발
　　　　라. 관광자원의 조사
　　4. 관광산업의 연구 · 개발사업
　　　　가. 관광산업에 관한 정보의 수집 · 분석 및 연구
　　　　나. 관광산업의 연구에 관한 용역사업
　　5. 관광 관련 전문인력의 양성과 훈련 사업
　　6. 관광사업의 발전을 위하여 필요한 물품의 수출입업을 비롯한 부대사업으로서 이사회가 의결한 사업

42 대한민국에 카지노가 없는 곳은?

① 인천광역시

② 제주특별자치도

③ 광주광역시

④ 부산광역시

43 외교부에서 운영하는 영사 콜센터의 신속해외송금서비스를 받을 수 있는 경우가 아닌 것은?

① 해외여행 중 현금, 신용카드 등을 분실하거나 도난당한 경우

② 해외여행 중 여권을 분실한 경우

③ 불가피하게 해외 여행기간을 연장하게 된 경우

④ 해외여행 중 교통사고 등 갑작스러운 사고를 당하거나 질병에 걸린 경우

〉〉〉〉〉〉〉〉 42.③ 43.②

ADVICE

42 우리나라에 카지노가 설치되어 있는 지역은 서울, 부산, 인천, 강원, 대구, 제주이며 이 중 강원랜드카지노를 제외한 나머지 16개 업체는 모두 외국인을 대상으로 한다.

43 신속해외송금제도 … 해외여행 중, 도난 및 분실 등으로 일시적 궁핍한 상황에 놓였을 경우 국내에 있는 지인이 외교부 계좌로 입금(최대 3,000불 이하)하면, 해당 재외공관(대사관, 총영사관)에서 현지화로 전달하는 제도

ⓐ 지원대상

- 해외여행을 하는 대한민국 국민 중
- 해외여행 중 현금, 신용카드 등 분실하거나 도난당한 경우
- 교통사고 등 갑작스러운 사고를 당하거나 질병을 앓게 된 경우
- 불가피하게 해외 여행기간을 연장하게 된 경우, 기타 자연재해 등 긴급 상황이 발생한 경우
- 마약, 도박 등 불법 또는 탈법 목적, 상업적 목적, 정기적 송금 목적의 지원은 불가

ⓑ 지원한도 : 1회, 미화 3천 불 상당

ⓒ 신속해외송금 지원과정

- 여행자가 재외공관(대사관 혹은 총영사관)이나 영사콜센터를 통해 신속해외송금지원제도 신청
- 국내연고자가 외교부 계좌(우리은행, 농협, 수협)로 수수료를 포함한 원화 입금
- 재외공관(대사관 혹은 총영사관)에서는 여행자에게 현지화로 긴급경비 전달

44 관광진흥법령상 관광 편의시설업을 모두 고른 것은?

> ㉠ 관광공연장업
> ㉡ 관광순환버스업
> ㉢ 관광유람선업
> ㉣ 관광펜션업

① ㉠, ㉡

② ㉠, ㉢

③ ㉡, ㉣

④ ㉢, ㉣

45 다음에서 설명하는 것으로 옳은 것은?

> 자연을 파괴하거나 그 곳에 살고 있는 사람들을 착취하는 여행 대신, 현지인의 삶과 문화를 존중하고 여행비용이 그 사람들의 생활에 보탬이 되는 여행

① 공정 여행(Fair Travel)

② 나눔 여행(Voluntourism)

③ 스마트 여행(Smart Tourism)

④ 탐사 여행(Discovery Tourism)

〉〉〉〉〉〉〉〉 **44.③　45.①**

ADVICE

44 「관광진흥법 시행령」에 따른 관광 편의시설업의 종류로는 관광유흥음식점업, 관광극장유흥업, 외국인전용 유흥음식점업, 관광식당업, 관광순환버스업, 관광사진업, 여객자동차터미널시설업, 관광펜션업, 관광궤도업, 관광면세업, 관광지원서비스업이 있다.
　　㉠㉢ 관광공연장업과 관광유람선업은 관광객 이용시설업에 해당한다.

45 제시된 내용은 공정여행에 대한 설명이다.
　　② **나눔 여행** : 여행 + 봉사활동
　　③ **스마트 여행** : 여행 + ICT 첨단 기술
　　④ **탐사 여행** : 여행 + 탐사활동

46 다음의 사례와 관련된 여행 형태는?

> 서울에 2년째 거주하며 한국 기업에 다니고 있는 외국인 A는 휴가를 이용하여 남해안 일대 및 울릉도를 7일간 여행하려고 계획하고 있다.

① 인트라바운드 투어

② 아웃바운드 투어

③ 인바운드 투어

④ 인터내셔날 투어

47 항공업무 자동화를 위해 미국 아메리칸항공에서 개발한 최초의 전산예약시스템은?

① SAVRE

② GALILEO

③ OAG

④ AMADEUS

>>>>>>>> **46.**① **47.**①

46 국내에 거주하는 내국인의 국내관광이므로 인트라바운드(Intrabound) 투어에 해당한다.

47 SAVRE(Semi-Automatic Business Research Environment) ··· 미국 아메리칸항공에서 1964년에 도입한 항공권 전산예약시스템이다.
② GALILEO : 세계 최초의 민간용 위성 위치확인시스템
③ OAG : Official Airline Guide 정식 항공 시간표
※ 이 문제는 문제오류로 인해 전항 정답처리 되었습니다.

48 다음 설명에 해당하는 관광숙박업은?

관광객의 숙박에 적합한 시설을 소규모로 갖추고 숙박에 딸린 음식·운동·휴양 또는 연수에 적합한 시설을 함께 갖추어 관광객에게 이용하게 하는 업

① 가족호텔업

② 소형호텔업

③ 호스텔업

④ 관광펜션업

49 고객이 식당에 들어가지 않고 자동차 안에서 음식을 주문하여 제공받는 방식은?

① 딜리버리 서비스(delivery service)

② 바이킹(viking)

③ 드라이브 쓰루(drive through)

④ 테이크아웃(take out)

>>>>>>>> **48.② 49.③**

ADVICE

48 제시된 내용은 소형호텔업에 해당한다.
   ① **가족호텔업** : 가족단위 관광객의 숙박에 적합한 시설 및 취사도구를 갖추어 관광객에게 이용하게 하거나 숙박에 딸린 음식 · 운동 · 휴양 또는 연수에 적합한 시설을 함께 갖추어 관광객에게 이용하게 하는 업
   ③ **호스텔업** : 배낭여행객 등 개별 관광객의 숙박에 적합한 시설로서 샤워장, 취사장 등의 편의시설과 외국인 및 내국인 관광객을 위한 문화 · 정보 교류시설 등을 함께 갖추어 이용하게 하는 업
   ④ **관광펜션업** : 숙박시설을 운영하고 있는 자가 자연 · 문화 체험관광에 적합한 시설을 갖추어 관광객에게 이용하게 하는 업
   ※ **관광숙박업의 종류**
      ㉠ 호텔업 : 관광호텔업, 수상관광호텔업, 한국전통호텔업, 가족호텔업, 호스텔업, 소형호텔업, 의료관광호텔업
      ㉡ 휴양 콘도미니엄업

49 **드라이브 스루**(drive through) … 상점 내로 들어가지 않고 자동차에 탄 채로 쇼핑할 수 있는 방식으로, 카페, 패스트푸드점 등에서 주로 도입하고 있다.
   ① 딜리버리 서비스(delivery service) : 배달
   ② 바이킹(viking) : 뷔페
   ④ 테이크아웃(take out) : 포장

50 '오두막·별장·보금자리'라는 뜻으로 초가 형태의 소규모 단독 숙박시설은?

① 방갈로(Bungalow)

② 샤토(Chateau)

③ 빌라(Villa)

④ 코티지(Cottage)

〉〉〉〉〉〉〉〉 **50.④**

ADVICE

50 **코티지**(Cottage) … 주로 시골에 있는 작은 집을 가리키는 용어로, 우리나라 말로는 오두막·별장·보금자리 등으로 칭할
수 있다.
① **방갈로**(Bungalow) : 인도 벵골 지방의 독특한 주택 양식으로, 처마가 깊숙하고 정면에 베란다가 있는 작은 단층 주택
을 말한다.
② **샤토**(Chateau) : 프랑스의 고성(古城), 또는 대저택을 뜻하는 용어이다.
③ **빌라**(Villa) : 별장식 주택, 다세대 주택이나 연립 주택을 이르기도 한다.

 한국사

1 다음과 같은 법을 시행하였던 나라에 관한 설명으로 옳은 것은?

> 도둑질을 한 자는 노비로 삼는다. 용서받고자 하는 자는 한 사람마다 50만 전을 내야한다.

① 동맹이라는 제천 행사가 열렸다.

② 왕 아래 상, 대부, 장군을 두었다.

③ 소를 죽여 그 굽으로 길흉을 점쳤다.

④ 특산물로 과하마, 반어피가 유명하였다.

〉〉〉〉〉〉〉〉 1.②

ADVICE

1 고조선 8조법의 내용이다.

　② 고조선은 요령 지방과 대동강 유역을 중심으로 독자적인 문화를 이룩하면서 발전하였다. 기원전 3세기경에는 부왕, 준왕 같은 강력한 왕이 등장하여 왕위를 세습하였으며, 그 밑에 상, 대부, 장군 등의 관직도 두었다. 또, 요서 지방을 경계로 하여 연나라와 대립할 만큼 강성하였다.

　※ **8조법**(八條法)

　　㉠ 다른 사람을 죽이면 죽음으로 배상한다.

　　㉡ 다른 사람에게 상처를 입히면 곡물로 배상한다.

　　㉢ 남의 물건을 훔친 사람은 노비로 삼는데, 노비가 되지 않으려면 1인당 50만을 내야 한다.

2 다음 역사서의 저자를 바르게 연결한 것은?

㉠ 서기	㉡ 신집

① ㉠ : 거칠부, ㉡ : 김대문
② ㉠ : 이문진, ㉡ : 거칠부
③ ㉠ : 고흥, ㉡ : 이문진
④ ㉠ : 김대문, ㉡ : 고흥

3 원 간섭기의 고려에 관한 설명으로 옳지 않은 것은?

① 전제개혁을 단행하여 과전법을 시행하였다.
② 원은 공녀라 하여 고려의 처녀들을 뽑아 갔다.
③ 중서문하성과 상서성을 합쳐 첨의부라 하였다.
④ 원은 다루가치를 파견하여 내정을 간섭하였다.

〉〉〉〉〉〉〉〉〉 2.③ 3.①

ADVICE

2 ㉠ 백제 근초고왕 때 박사 고흥이 편찬한 역사책이다.
　㉡ 4세기 후반 소수림왕 때 편찬된 것으로 추정되는 〈유기〉 100권을 집약하여 600년(영양왕11년) 태학박사 이문진이 5권으로 편찬하였다.

3 ① 공양왕의 전제 개혁은 1391년에 실시되었다.
　※ 원간섭기는 일반적으로 고려가 몽골과 강화를 맺고 정식으로 입조한 1259년부터 공민왕의 반원정변이었던 병신정변이 일어난 1356년까지 약 97년 간의 기간을 가리킨다.

4 고려 사회에 관한 설명으로 옳은 것을 모두 고른 것은?

> ⊙ 부모 가운데 한쪽이 노비이면 그 자식도 노비가 되었다.
>
> ⓒ 모내기법의 보급으로 벼와 보리의 이모작이 널리 행해졌다.
>
> ⓒ 중대한 범죄자가 있으면 제가 회의를 열어 사형에 처하였다.
>
> ⓒ 5품 이상 관료의 아들이나 손자는 음서의 혜택을 받아 관리로 진출하였다.

① ⊙, ⓒ

② ⊙, ⓒ

③ ⓒ, ⓒ

④ ⓒ, ⓒ

5 다음 사건 가운데 시간 순서상 가장 마지막에 일어난 것은?

① 기묘사화

② 임진왜란

③ 인조반정

④ 4군 6진 설치

>>>>>>>>> 4.② 5.③

ADVICE

4 ⓒ 모내기와 이앙법이 널리 퍼진 시기는 조선 후기(광해군) 이후이다.

　　ⓒ 제가 회의는 고구려 초기 국정의 주요 사항을 심의, 의결한 정치회의이다.

5 ③ 1623년

　　① 1519년

　　② 1592년~1598년

　　④ 1434년~1443년

6 정조(正祖)에 관한 설명으로 옳지 않은 것은?

① 속대전을 편찬하였다.

② 수원에 화성을 축조하였다.

③ 초계문신 제도를 실시하였다.

④ 친위 부대인 장용영을 설치하였다.

7 다음 설명에 해당하는 단체는?

> • 비타협적 민족주의와 사회주의 세력 연합 조직
> • 회장 이상재, 부회장 홍명희 등 선출
> • 1931년 사회주의자들의 주장으로 해소

① 신간회

② 신민회

③ 대한 광복회

④ 대한 자강회

>>>>>>>> 6.① 7.①

ADVICE

6 ① 속대전을 편찬한 것은 영조이다. 영조는 학문의 숭상과 문물제도의 정비를 통해 문예 부흥의 기반을 닦았다. 법과 의례를 조선후기 실정에 맞게 재정비하기 위해 「속대전」, 「국조속오례의」를 편찬하였으며, 백과사전류인 「동국문헌비고」를 만들었다. 이 외에도 균역법의 전형인 「양역실총」을 각 도에 인쇄하여 반포함으로써 민생의 안정을 도모하였다.

7 ① 1927년 2월 결성된 신간회는 민족주의세력과 사회주의세력이 연합하여 결성한 일제하 최대의 민족운동 단체이다.
② 1907년에 국내에서 결성된 항일 비밀결사이다.
③ 1910년대 독립전쟁을 실현하기 위해 국내에서 조직된 단체이다.
④ 1905년 5월 이준, 양한묵 등이 조직한 헌정연구회를 확대, 개편한 것이다.

8   다음 내용이 포함된 헌법에 의거하여 선출된 대통령은?

> • 대통령은 통일 주체 국민 회의에서 토론 없이 무기명 투표로 선거한다.
> • 통일 주체 국민 회의는 국회의원 정수의 3분의 1에 해당하는 수의 국회의원을 선거한다.
> • 대통령은 국회를 해산할 수 있다.

① 김영삼
② 노태우
③ 박정희
④ 이승만

9   경주 호우총에서 출토된 '호우명 그릇' 밑면의 명문에 나오는 인물에 관한 설명으로 옳은 것은?

① 왕의 칭호를 마립간으로 고쳤다.
② 금관가야와 대가야를 정복하였다.
③ 율령을 반포하고 불교를 공인하였다.
④ 신라의 구원요청으로 왜군을 격퇴하였다.

>>>>>>>>> 8.③   9.④

ADVICE

8 ③ 유신 헌법에 관한 내용이다. 유신 헌법은 1972년 10월 17일 대통령 박정희가 위헌적 계엄과 국회해산 및 헌법정지의 비상조치 아래 위헌적 절차에 의한 국민투표로 1972년 12월 27일에 통과시킨 헌법이다.

9 호우명 그릇은 경주 호우총에서 출토된 유물로, 그릇의 밑면에 4행 4자씩 총 16자(乙卯年國罡(岡)上廣開土地好太王壺杅十, 을묘년국강상광개토지호태왕호우십)의 명문이 새겨져 있다.
  ① 내물 마립간
  ② 금관가야는 법흥왕이, 대가야는 진흥왕이 정복했다.
  ③ 법흥왕

10 밑줄 친 '북국'에 관한 설명으로 옳은 것은?

> "원성왕 6년 3월 북국(北國)에 사신을 보내 교빙 하였다. ...(중략)... 이 나라는 요동땅에서 일어나 옛 고구려의 북쪽 땅을 병합하고 신라와 서로 경계를 맞대었지만, 교빙 했다는 사실이 역사에 전해지지 않았다. 그런데 이때 와서 일길찬 백어(伯漁)를 보내 교빙하였다." ···「동사강목」···

① 신라와 시종 친밀한 관계를 유지하였다.
② 불교 관련 문화재가 전혀 남아 있지 않다.
③ 일본과 서로 적대의식을 갖고 교류하지 않았다.
④ 전성기 때 중국인들이 해동성국이라 불렀다.

11 고려 후기에 재조대장경(팔만대장경)을 만들게 된 계기는?

① 거란의 침입
② 여진의 침입
③ 몽골의 침입
④ 홍건적의 침입

>>>>>>>> 10.④ 11.③

ADVICE

10 ④ '북국'은 발해로, 전성기 때 중국인들이 해동성국이라 불렀다.
　　① 신라와 발해의 관계는 대체로 대립적이었다.
　　② 발해의 불교는 고구려의 영향을 받아 크게 발전했다. 여러 곳의 절터뿐만 아니라, 불상, 탑, 석등도 발견되었다.
　　③ 발해는 당 문화를 일본에 전하는 역할을 했다.

11 ③ 고려 시대에는 왕실은 물론 백성들까지 불교를 믿었는데, 대장경을 새로 만들어 불교의 힘으로 몽골의 침입을 막고자 했다.

12 세종 때 편찬된 것을 모두 고른 것은?

> ㉠ 용비어천가　　　　　　　㉡ 경국대전
> ㉢ 세종실록지리지　　　　　㉣ 농사직설

① ㉠, ㉡
② ㉠, ㉣
③ ㉡, ㉢
④ ㉢, ㉣

13 조선 후기 농업과 상공업에 나타난 특징으로 옳은 것은?

① 청, 일본과의 무역이 완전히 단절되었다.
② 민간 상인들의 활동이 종전 보다 위축되었다.
③ 지대를 정액으로 납부하는 도조법이 나타났다.
④ 민간인에게 광산 채굴을 일절 허용하지 않았다.

>>>>>>>>> 12.②　13.③

ADVICE

12 ㉡ 세조 ㉢ 단종

13 ① 국내의 상업 발달과 병행하여 대외 무역도 활기를 띠었다. 17세기 중엽부터 청나라와의 무역이 활발해지면서 의주의
중강과 중국 봉황의 책문 등 국경을 중심으로 관무역과 사무역이 동시에 이루어졌다. 17세기 이후로 일본과의 관계가
점차 정상화되면서 대일 무역도 활발하게 전개되었다. 조선에서는 인삼·쌀·무명 등이 나가고, 청나라에서 수입한
물품을 중개하였다.
② 민간상인들이 등장하기 시작했다.
④ 17세기 이후 정부가 민간인에게 광산 채굴을 허용했다.

14 일제의 식민지 조선에 대한 경제 침탈 정책이 아닌 것은?

① 토지조사사업

② 임야조사사업

③ 산미증산계획

④ 물산장려운동

15 다음 사건을 발생한 순서대로 올바르게 나열한 것은?

㉠ 4 · 19혁명

㉡ 5 · 16군사정변

㉢ 5 · 18광주민주화운동

㉣ 7 · 4남북공동성명

---

① ㉠→㉡→㉣→㉢

② ㉠→㉢→㉡→㉣

③ ㉡→㉠→㉢→㉣

④ ㉡→㉣→㉠→㉢

>>>>>>>> 14.④ 15.①

ADVICE

14 ④ 1920년대에 일제의 경제적 수탈정책에 항거하여 벌였던 범국민적 민족경제 자립실천운동이다.

15 ㉠ 1960년

㉡ 1961년

㉣ 1972년

㉢ 1980년

② 관광자원해설

16 자연관광자원의 개념에 관한 설명으로 옳지 않은 것은?

① 레크레이션 기능을 갖추고 있어야 한다.

② 자연미, 신비감, 특이함을 갖춘 경관미가 있어야 한다.

③ 관광객의 욕구를 충족시켜 줄 수 있는 자연적인 대상이다.

④ 인위적으로 제작된 문화유산으로 보존할만한 가치가 있고 매력을 느낄 수 있는 자원이다.

17 전통세시풍속에 속하지 않는 것은?

① 정월대보름　　　　　　　　② 칠월칠석

③ 곶자왈　　　　　　　　　　④ 설날

>>>>>>>> **16.**④ **17.**③

ADVICE

16 ④ 문화관광자원에 관한 설명이다.
　※ 관광자원의 유형과 특징
　　㉠ **자연관광자원** : 관광욕구와 결합된 자연적인 관광대상으로 경관 미와 위락적인 기능과 특성을 지닌 자원
　　㉡ **문화관광자원** : 민족문화유산으로서 국민이 보존할 만한 가치가 있고 관광매력을 지닐 수 있는 자원
　　㉢ **사회관광자원** : 국민성과 민족성을 이해하는 규범문화적인 자원
　　㉣ **산업관광자원** : 산업시설과 기술수준을 보고 또한 보이기 위한 산업적 대상의 지원
　　㉤ **위락관광자원** : 여가와 위락중심의 자원

17 ③ 곶자왈은 제주의 천연 원시림으로, 용암이 남긴 신비한 지형 위에서 다양한 동식물들이 함께 살아가는 독특한 생태계가 유지되는 보존 가치가 높은 지역이다.

18 자연관광자원의 자연환경요인으로 옳은 것을 모두 고른 것은?

> ㉠ 기후 　　　　　　　　　 ㉡ 지질
> ㉢ 지형 　　　　　　　　　 ㉣ 토양
> ㉤ 사적 　　　　　　　　　 ㉥ 식생
> ㉦ 야생동물 　　　　　　　 ㉧ 문화유산

① ㉠, ㉢, ㉤

② ㉠, ㉥, ㉦, ㉧

③ ㉢, ㉣, ㉤, ㉥, ㉧

④ ㉠, ㉡, ㉢, ㉣, ㉥, ㉦

19 축제의 기능이 아닌 것은?

① 종교적 기능 　　　　　　 ② 정치적 기능

③ 자연적 기능 　　　　　　 ④ 예술적 기능

〉〉〉〉〉〉〉〉 18.④ 19.③

> **ADVICE**
>
> **18** ㉤ 사적은 역사적으로 중요한 사건이나 시설의 자취로 문화관광자원에 해당한다.
>
> **19** ③ 축제의 전통 사회 기능으로는 종교적, 윤리적, 사회적, 정치적, 예술적, 오락적, 생산적인 기능을 들 수 있고, 산업 사회의 기능으로는 지역 축제를 통한 만남과 지역적 소속 확인 또는 전통 문화 보존 기능, 관광기능 등이 강화되기도 한다.

20 국가지정문화재가 아닌 것은?

① 천연기념물

② 국가민속문화재

③ 문화재자료

④ 보물 및 국보

21 세계 유일의 대장경판 보관용 건물로서 유네스코 세계문화유산으로 등재된 15세기 건축물은?

① 영주 부석사 무량수전

② 합천 해인사 장경판전

③ 순천 송광사 국사전

④ 안동 봉정사 극락전

22 우리나라에 현존하는 종 가운데 가장 오래되었고, 고유한 특색을 갖춘 문화재는?

① 상원사 동종

② 성덕대왕 신종

③ 옛 보신각 동종

④ 용주사 동종

>>>>>>>> 20.③ 21.② 22.①

ADVICE

20 ③ 국가지정문화재는 보물, 국보, 사적, 명승, 천연기념물, 국가민속문화재, 국가무형문화재로 분류된다.

21 ② 유네스코세계기록유산으로 지정된 고려팔만대장경을 보관하기 위해 15세기에 건축된 조선 전기의 서고이다. 현재 대한민국 국보 제52호이자 유네스코세계문화유산이다.

22 ① 현존하는 신라시대 11개 범종 중 가장 오래된 것으로 것으로 유명하다. 국보 제36호로 지정되었다.
  ② 남북국시대 통일신라에서 제작된 동종으로, 혜공왕 7년(771년)에 완성된 대종이다.
  ③ 조선 세조 14년(1467년)에 만든 보신각의 초대 종으로, 대한민국 보물 제2호이다.
  ④ 고려 시대의 것으로 추정되며, 우리나라 국보이다.

23 한 명의 소리꾼이 고수의 북장단에 맞추어 서사적인 노래와 말, 몸짓을 섞어 창극조로 부르는 민속예술의 한 갈래인 국가무형문화재는?

① 판소리　　　　　　　　　　② 대금정악
③ 가곡　　　　　　　　　　　④ 고성오광대

24 국보로 지정된 석비의 명칭이 옳지 않은 것은?

① 서울 북한산 신라 진흥왕 순수비
② 천안 봉선홍경사 갈기비
③ 경주 태종무열왕릉비
④ 창녕 백제 진흥왕 척경비

25 정선(1676∼1759)이 그린 그림으로 옳은 것은?

① 인왕제색도
② 자화상
③ 단원풍속화첩
④ 월야산수도

>>>>>>>> 23.① 24.④ 25.①

ADVICE

23 ② 정악을 대금으로 연주하는 것을 가리킨다.
　　③ 관현악 반주에 맞추어 시조사를 노래하는 한국의 전통 성악곡이다.
　　④ 경상남도 고성 지역에서 전승되는 가면극이다.

24 ④ 창녕 신라 진흥왕 척경비
　　① 국보 3호
　　② 국보 7호
　　③ 국보 25호

25 ① 정선은 조선 후기의 화가로, 「인왕제색도」, 「금강전도」, 「통천문암도」 등을 그렸다.
　　③ 김홍도는 조선 후기의 화가로, 「군선도병」, 「단원풍속화첩」, 「무이귀도도」 등을 그렸다.
　　④ 김두량이 1744년(영조 20)에 그린 산수화이다.

❸ 관광법규

26 관광기본법에 관한 설명으로 옳은 것은?

① 정부는 관광진흥의 기반을 조성하고 관광산업의 경쟁력을 강화하기 위하여 관광진흥에 관한 기본계획을 3년마다 수립·시행하여야 한다.

② 정부는 매년 관광진흥계획에 관한 시책과 동향에 대한 보고서를 정기국회가 시작하기 전까지 국회에 제출하여야 한다.

③ 관광진흥의 방향 및 주요 시책에 대한 수립·조정, 관광진흥계획의 수립 등에 관한 사항을 심의·조정하기 위하여 문화체육관광부장관 소속으로 국가관광전략회의를 둔다.

④ 국가관광전략회의의 구성 및 운영 등에 필요한 사항은 법률로 정한다.

27 관광진흥개발기금법상 관광진흥개발기금을 조성하는 재원이 아닌 것은?

① 카지노사업자의 납부금

② 출국납부금

③ 보세판매장 특허수수료의 100분의 50

④ 한국관광협회중앙회의 공제 분담금

〉〉〉〉〉〉〉〉 **26.② 27.④**

━━

ADVICE

26 ① 정부는 관광진흥의 기반을 조성하고 관광산업의 경쟁력을 강화하기 위하여 관광진흥에 관한 기본계획을 5년마다 수립·시행하여야 한다〈「관광기본법」 제3조 제1항〉.

③ 관광진흥의 방향 및 주요 시책에 대한 수립·조정, 관광진흥계획의 수립 등에 관한 사항을 심의·조정하기 위하여 국무총리 소속으로 국가관광전략회의를 둔다〈「관광기본법」 제16조 제1항〉.

④ 국가관광전략회의의 구성 및 운영 등에 필요한 사항은 대통령령으로 정한다〈「관광기본법」 제16조 제2항〉.

27 관광진흥개발기금을 조성하는 재원〈「관광진흥개발기금법」 제2조 제2항〉

㉠ 정부로부터 받은 출연금

㉡ 카지노사업자의 납부금

㉢ 출국납부금

㉣ 보세판매장 특허수수료의 100분의 50

㉤ 기금의 운용에 따라 생기는 수익금과 그 밖의 재원

28 관광진흥법상 권역별 관광개발계획(이하 '권역계획'이라 한다)에 관한 설명으로 옳지 않은 것은?

① 권역계획의 수립 주체는 시·도지사이다.

② 권역계획은 10년마다 수립한다.

③ 문화체육관광부장관은 권역계획 수립지침을 작성하여야 한다.

④ 시·도지사는 권역계획이 확정되면 그 요지를 공고하여야 한다.

29 국제회의산업 육성에 관한 법률에 관한 내용으로 옳은 것은?

① 국제회의복합지구란 국제회의산업의 육성·진흥을 위하여 지정된 특별시·광역시 또는 시를 말한다.

② 문화체육관광부장관은 전자국제회의 기반의 확충을 위하여 인터넷 등 정보통신망을 통한 사이버 공간에서의 국제회의 개최를 지원할 수 있다.

③ 문화체육관광부장관은 국제회의 산업육성기본계획을 매년 수립하여야 한다.

④ 시·도지사는 문화체육관광부장관과의 협의를 거쳐 국제회의집적시설을 지정할 수 있다.

>>>>>>>>> 28.② 29.②

ADVICE

28 ② 권역계획은 5년마다 수립한다〈「관광진흥법 시행령」 제42조 제3항〉.

29 ① 국제회의복합지구란 국제회의시설 및 국제회의집적시설이 집적되어 있는 지역으로서 법에 따라 지정된 지역을 말한다〈「국제회의산업 육성에 관한 법률」 제2조 제7호〉.

　 ③ 문화체육관광부장관은 국제회의산업의 육성·진흥을 위하여 국제회의 산업육성기본계획을 5년마다 수립·시행하여야 한다〈「국제회의산업 육성에 관한 법률」 제6조 제1항〉.

　 ④ 문화체육관광부장관은 국제회의복합지구에서 국제회의시설의 집적화 및 운영 활성화를 위하여 필요한 경우 시·도지사와 협의를 거쳐 국제회의집적시설을 지정할 수 있다〈「국제회의산업 육성에 관한 법률」 제15조의3 제1항〉.

30 관광진흥법상 유원시설업에 관한 설명으로 옳지 않은 것은?

① 유원시설업자는 안전성검사 대상 유기시설 또는 유기기구에 대하여 안전성검사를 받아야 한다.

② 안전성검사를 받아야 하는 유원시설업자는 사업장에 안전관리자를 항상 배치하여야 한다.

③ 안전관리자는 문화체육관광부장관이 실시하는 유기시설 및 유기기구의 안전관리에 관한 교육을 정기적으로 받아야 한다.

④ 종합유원시설업 및 일반유원시설업을 경영하려는 자는 관할관청에 신고하여야 한다.

31 관광진흥법상 과태료 부과대상은?

① 관광사업자로 잘못 알아볼 우려가 있는 상호를 사용한 자

② 카지노 변경신고를 하지 아니하고 영업을 한 자

③ 유원시설업의 변경신고를 하지 아니하고 영업을 한 자

④ 카지노 검사합격증명서를 훼손 또는 제거한 자

32 관광진흥법상 처분을 하기 전에 청문을 실시하여야 하는 경우가 아닌 것은?

① 국외여행 인솔자 자격의 취소

② 카지노기구의 검사 등의 위탁 취소

③ 카지노기구의 검사 등의 위탁 취소

④ 한국관광 품질인증의 취소

>>>>>>>> 30.④   31.①   32.모두 정답

ADVICE

30 ④ 종합유원시설업 및 일반유원시설업을 경영하려는 자는 문화체육관광부령으로 정하는 시설과 설비를 갖추어 특별자치시장·특별자치도지사·시장·군수·구청장의 허가를 받아야 한다〈「관광진흥법」제5조 제2항〉.

31 ② 2년 이하의 징역 또는 2천만원 이하의 벌금〈「관광진흥법」제83조 제1항 제1호 (벌칙)〉
③ 1년 이하의 징역 또는 1천만원 이하의 벌금〈「관광진흥법」제84조 제1호 (벌칙)〉
④ 2년 이하의 징역 또는 2천만원 이하의 벌금〈「관광진흥법」제83조 제1항 제6호 (벌칙)〉

32 관할 등록기관등의 장은 다음 각 호의 어느 하나에 해당하는 처분을 하려면 청문을 하여야 한다〈「관광진흥법」제77조〉.
㉠ 국외여행 인솔자 자격의 취소
㉡ 관광사업의 등록등이나 사업계획승인의 취소
㉢ 관광종사원 자격의 취소
㉣ 한국관광 품질인증의 취소
㉤ 조성계획 승인의 취소
㉥ 카지노기구의 검사 등의 위탁 취소

33 관광진흥법령상 관광특구에 관한 설명으로 옳은 것은?

① 문화체육관광부장관은 관광특구를 방문하는 외국인관광객의 유치촉진 등을 위해 관광특구 진흥계획을 수립하여야 한다.

② 문화체육관광부장관은 관광특구의 활성화를 위하여 관광특구에 대한 평가를 3년마다 실시하여야 한다.

③ 문화체육관광부장관은 관광특구 지정요건에 맞지 아니하거나 추진실적이 미흡한 관광특구에 대하여 관광특구의 지정취소, 면적조정 등 필요한 조치를 할 수 있다.

④ 특별자치시장 · 특별자치도지사 · 시장 · 군수 · 구청장은 관광객 유치를 위하여 필요하다고 인정하는 시설 및 우수 관광특구에 대해서 관광진흥개발기금을 대여하거나 보조할 수 있다.

>>>>>>>> 33.②

ADVICE

33 ① 특별자치시장 · 특별자치도지사 · 시장 · 군수 · 구청장은 다음의 사항이 포함된 진흥계획을 수립 · 시행한다〈「관광진흥법 시행령」 제59조 제2항〉.
   ㉠ 외국인 관광객을 위한 관광편의시설의 개선에 관한 사항
   ㉡ 특색 있고 다양한 축제, 행사, 그 밖에 홍보에 관한 사항
   ㉢ 관광객 유치를 위한 제도개선에 관한 사항
   ㉣ 관광특구를 중심으로 주변지역과 연계한 관광코스의 개발에 관한 사항
   ㉤ 그 밖에 관광질서 확립 및 관광서비스 개선 등 관광객 유치를 위하여 필요한 사항으로서 문화체육관광부령으로 정하는 사항

③ 시 · 도지사 또는 특례시의 시장은 진흥계획의 집행 상황에 대한 평가 결과에 따라 다음의 구분에 따른 조치를 해야 한다〈「관광진흥법 시행령」 제60조 제3항〉.
   ㉠ 관광특구의 지정요건에 3년 연속 미달하여 개선될 여지가 없다고 판단되는 경우에는 관광특구 지정 취소
   ㉡ 진흥계획의 추진실적이 미흡한 관광특구로서 ㉢에 따라 개선권고를 3회 이상 이행하지 아니한 경우에는 관광특구 지정 취소
   ㉢ 진흥계획의 추진실적이 미흡한 관광특구에 대하여는 지정 면적의 조정 또는 투자 및 사업계획 등의 개선 권고

④ 문화체육관광부장관은 관광특구를 방문하는 관광객의 편리한 관광 활동을 위하여 관광특구 안의 문화 · 체육 · 숙박 · 상가 · 교통 · 주차시설로서 관광객 유치를 위하여 특히 필요하다고 인정되는 시설에 대하여 「관광진흥개발기금법」에 따라 관광진흥개발기금을 대여하거나 보조할 수 있다〈「관광진흥법」 제72조 제2항〉.

34 관광진흥법상 관광사업을 경영하기 위하여 시·도지사 또는 시장·군수·구청장의 지정을 받아야 하는 사업은?

① 관광 편의시설업
② 종합유원시설업
③ 카지노업
④ 여행업

35 관광진흥법상 관광특구에 관한 설명으로 옳지 않은 것은?

① 관광특구로 지정하려면 관광특구 전체면적 중 관광활동과 직접적인 관련성이 없는 토지의 비율이 10퍼센트를 초과하지 아니하여야 한다.
② 관광특구는 시장·군수·구청장의 신청에 따라 시·도지사가 정한다.
③ 시·도지사는 관광특구진흥계획의 집행 상황을 연 1회 평가하여야 한다.
④ 서울특별시에서 관광특구를 지정하려면 해당 지역의 최근 1년간 외국인 관광객 수가 10만명 이상이어야 한다.

>>>>>>>>> 34.① 35.④

ADVICE

34 ① 관광 편의시설업을 경영하려는 자는 문화체육관광부령으로 정하는 바에 따라 특별시장·광역시장·특별자치시장·도지사·특별자치도지사 또는 시장·군수·구청장의 지정을 받아야 한다〈「관광진흥법」 제6조 제1항〉.

35 ④ 서울특별시에서 관광특구를 지정하려면 해당 지역의 최근 1년간 외국인 관광객 수가 50만 명 이상이어야 한다〈「관광진흥법 시행령」 제58조 제1항〉.

36 푸드 마일리지(food mileage)와 관련 있는 것을 모두 고른 것은?

> ㉠ 사회적 책임
> ㉡ 푸드 마일스(food miles)
> ㉢ 미국의 사회학자 폴 레이
> ㉣ 테이크 아웃

① ㉠, ㉡

② ㉠, ㉣

③ ㉡, ㉢

④ ㉢, ㉣

37 복합리조트(IR)에 관한 설명으로 옳지 않은 것은?

① 카지노뿐만 아니라 호텔, 컨벤션, 쇼핑 등이 복합적으로 통합된 리조트를 의미한다.

② 라스베이거스에서 시작되었다.

③ 싱가포르에서는 1개의 복합리조트를 허가하였다.

④ 마리나베이샌즈는 2010년 개장하였다.

>>>>>>>> **36.**① **37.**③

ADVICE

36 푸드 마일리지(Food Mileage)는 '먹거리의 이동거리'를 뜻한다. 산지에서 생산된 농 · 축 · 수산물이 먹거리를 이용하는 최종 소비자에게 도달할 때까지 이동한 거리가 푸드 마일리지이다. 푸드 마일리지라는 개념은 1990년대 초반 영국 '지속가능한 농식품 및 환경연합(SAFE)'에서 활동하던 학자 팀 랭(Tim Lang) 교수에 의해 고안됐다.

37 ③ 싱가포르 복합리조트는 마리나베이샌즈, 센토사 리조트 2곳이다.

38 다음 (   )에 들어갈 내용은?

> (   ) 여행사는 여행상품을 만들어 소매여행사에 판매하는 여행사를 말한다.

① 홀세일러(wholesaler)
② 리테일러(retailer)
③ 온라인(on-line)
④ 오프라인(off-line)

39 우리나라가 의료법 개정을 통해 외국인 환자 유치를 허용한 연도는?

① 2006년 ② 2009년
③ 2012년 ④ 2015년

40 여행업의 산업적 특성이 아닌 것은?

① 계절성이 높은 산업
② 수요탄력성이 낮은 산업
③ 고정자산 비중이 낮은 산업
④ 창업이 용이한 산업

>>>>>>>>> **38.**① **39.**② **40.**②

ADVICE

38 ① 홀세일러 여행사는 상품을 기획만 하고 고객에게 직접 판매하지 않는 업체를 뜻한다. 쉽게 말하면 여행상품 도매상이다

39 ② 2009년 1월 30일 의료법 개정으로 외국인환자 유치 행위를 허용하였다.

40 ② 여행업은 수요탄력성과 공급의 비탄력성이 큰 사업이다. 특히 여행수요는 계절에 따라 변동이 심하다.

41 다음 설명에 해당하는 것은?

- 대한항공에서 개발한 국내 최초의 항공예약 시스템
- 주요 기능은 항공좌석 예약 및 발권, 호텔·렌터카 예약, 한글 여행정보 제공

① TOPAS   ② ABACUS

③ GALILEO   ④ SABRE

42 다음 설명에 해당하는 것은?

- 바쁜 현대인들에게 간편성 제공
- 가정의 식사를 대체하는 음식이라는 개념
- 식품산업의 발전된 기술을 이용하여 다양한 레토르트(retort)식품 상품화

① Slow Food   ② Local Food

③ LOHAS   ④ HMR

43 우리나라 관광발전사에 관한 설명으로 옳지 않은 것은?

① 1970년대에 국제관광공사가 발족되었다.

② 1980년대에 해외여행 완전자유화 조치가 이루어졌다.

③ 1990년대에 경제협력개발기구에 가입하여 선진국 관광정책기구들과 협력이 이루어졌다.

④ 2000년대에 관광산업의 선진화 원년이 선포되었다.

>>>>>>>> 41.①   42.④   43.①

ADVICE

41 ① 'TOPAS'로 불리는 이 시스템은 예약, 발권은 물론 여행정보를 비롯한 항공업무를 자동으로 처리해 주는 컴퓨터 시스템이다. 여행사나 공항 카운터에서 비행기표를 살 때 작동되는 컴퓨터 화면이 바로 TOPAS이다.

42 ④ HMR은 Home Meal Replacement의 약어로, 가정에서 간편하게 먹을 수 있는 일종의 즉석식품을 말한다.

43 ① 1962년 국제관광공사가 설립되었다.

44 우리나라 관광기구의 약자가 올바르게 짝지어진 것을 모두 고른 것은?

> ㉠ 한국관광협회중앙회 – KTA
> ㉡ 한국호텔업협회 – KTHA
> ㉢ 한국관광공사 – KTO
> ㉣ 한국일반여행업협회 – KGTA

① ㉠, ㉡　　　　　　　　　　　　② ㉠, ㉢
③ ㉡, ㉢　　　　　　　　　　　　④ ㉡, ㉣

45 관광현상 구성요소 간의 관계를 유기적으로 살펴보는 데 초점을 두는 관광의 정의는?

① 경제적 정의　　　　　　　　　② 사회문화적 정의
③ 여가활동적 정의　　　　　　　④ 시스템적 정의

46 국제관광에 관한 설명으로 옳은 것은?

① 1년 이상 방문객을 관광객으로 본다.
② 경제협력개발기구(OECD)에서는 국제관광객과 영구방문객으로 구분하고 있다.
③ 관광객 수용국 입장에서 인바운드와 아웃바운드로 구분된다.
④ 1990년대 이후 급성장하였다.

>>>>>>>> **44.②　45.④　46.③**

ADVICE

44 ㉡ 한국호텔업협회 – KHA
　　㉣ 한국여행업협회–KATA

45 ④ 시스템적 정의란 관광현상을 이루는 요소의 집합이나 요소와 요소 간의 관계를 유기적으로 살펴보는데 초점을 두는 것을 의미한다.

46 ③ 아웃바운드(outbound)'는 내국인의 외국 여행으로 우리나라 사람들이 외국으로 나가는 것을 말한다. 인바운드는 외국인의 국내 입국, 아웃바운드는 내국인의 외국 출국을 의미한다. 그런 점에서 인바운드는 국내행, 아웃바운드는 외국행이다.
　　① 1년 이상을 초과하지 않는 방문객을 관광객으로 본다.
　　④ 우리나라 국제 관광 협력은 2000년대 이후 활발하게 전개되어 되어 오고 있다.

47 관광코스 유형이 아닌 것은?

① 안전핀형

② 스푼형

③ 탬버린형

④ 방황형

〉〉〉〉〉〉〉〉〉 47.④

ADVICE

47 관광코스 유형

㉠ **피스톤형** : 관광객이 집을 떠나 목적지에 도착한 다음, 현지에서 관광활동을 한 후 다시 동일한 경로를 이용하여 집으로 돌아오는 형태이다.

㉡ **스푼형** : 관광자가 집을 떠나 목적지에 도착한 다음 현지에서 관광활동을 하되, 2곳 이상의 목적지가 근접되어 있어서 이들 목적지에서 관광활동을 한 후 피스톤형과 같이 동일한 경로를 따라 집으로 돌아오는 형태이다.

㉢ **안전핀형** : 관광자가 집을 떠나 목적지에 도착하여 현지에서 관광활동을 한 다음, 올 때와는 다른 루트로 귀가하는 형태로 2곳 이상의 목적지가 근접되어 있는 경우 발생한다.

㉣ **탬버린형** : 관광자가 집을 떠나 목적지를 방문하고 곧바로 거주지로 돌아오지 않고 제2의 목적지를 방문하는 형태로, 다른 목적지를 방문할 때마다 다른 교통로를 선택하여 여행시간과 경비가 가장 많이 소요되는 관광형태이다.

48 코틀러(P.Kotler)가 Marketing Management(1984)에서 밝힌 제품의 3가지 수준이 아닌 것은?

① 확장제품   ② 주변제품

③ 실제제품   ④ 핵심제품

49 마케팅 용어에 관한 설명으로 옳은 것은?

① 마케팅믹스는 상품(product), 가격(price), 포장(packaging), 판매촉진(promotion)의 최적결합 노력이다.

② 시장세분화는 하나의 시장을 이질성을 지닌 하위시장으로 나누어 마케팅하는 것이다.

③ 표적시장은 세분시장 특성별로 각각 적합한 마케팅믹스를 제공하는 것이다.

④ 포지셔닝은 불특정 시장에 있는 고객의 마음속에 존재하기 위해 마케팅하는 것이다.

50 국민관광에 관한 설명으로 옳지 않은 것은?

① 국민이 자발적으로 관광활동에 참여하는 관광이다.

② 2000년대부터 본격적으로 진흥되었다.

③ 국민관광은 국민의 후생·복지 측면에서 중요하다.

④ 국민관광 이동총량이란 1년 동안 국민들이 국내관광여행 목적으로 이동한 총량이다.

>>>>>>>> **48.**②   **49.**③   **50.**②

ADVICE

48 코틀러 제품의 개념
- ㉠ **확장제품** : 핵심 혜택, 가시적 속성들을 제외한 부가적인 서비스를 의미한다.
- ㉡ **유형제품** : 제품의 구체적인 물리적 속성들을 의미한다.
- ㉢ **핵심제품** : 소비자가 특정 제품에서 원하는 편익을 뜻한다.

49 ① 제품(product), 유통경로(place), 판매가격(price), 판매촉진(promotion) 등 이른바 4P를 합리적으로 결합시켜 의사결정하는 것을 말한다.
② 수요층별로 시장을 분할화 또는 단편화하여 각 층에 대해 집중적으로 마케팅 전략을 펴는 것이다.
④ 소비자의 마음속에 자사제품이나 기업을 표적시장·경쟁·기업 능력과 관련하여 가장 유리한 포지션에 있도록 노력하는 과정이다.

50 ② 1970년대부터 정부는 국제관광 진흥과 외화 획득을 관광개발의 목적으로 관광분야를 경제개발계획에 포함시켜 국가 주요 전략사업으로 추진했다. 이를 위해 관광개발에 관련한 법제도를 정비하고, 관광단지를 전략적으로 개발하였다.

2022년 기출문제분석

 국사

1 단군신화에 나타나는 사상이나 관념이 아닌 것은?

① 토테미즘

② 샤머니즘

③ 성즉리(性卽理) 사상

④ 천지인(天地人) 사상

2 제작 시기가 가장 빠른 것은?

① 경주 첨성대

② 경주 불국사 삼층석탑(석가탑)

③ 경주 감은사지 동·서 삼층석탑

④ 성덕대왕신종(에밀레종)

>>>>>>>> 1.③ 2.①

ADVICE

1 ① 부족의 안녕과 기원을 동식물에 연결시켜 신앙시 하는 사상

② 하늘과 인간, 영혼을 연결시키는 무당이나 주술, 신을 믿는 사상

④ 하늘과 땅과 사람이 하나라고 생각하는 사상

2 ① 신라 선덕여왕(재위 632~647년)

② 통일신라 경덕왕 10년(751년)

③ 신문왕 2년(682년)

④ 신라 혜공왕 7년(771년)

3 신라의 왕권강화와 관련된 정책이 아닌 것은?

① 국학 설치

② 식읍 지급

③ 갈문왕 폐지

④ 집사부 설치

4 신라 촌락문서(장적문서)를 통해서 알 수 있는 내용이 아닌 것은?

① 뽕·잣·호두나무 수까지 기재하였다.

② 남녀 인구를 연령에 따라 등급을 나누었다.

③ 각 마을에 있는 소와 말의 수를 파악하였다.

④ 신라 지방 사회는 소경, 촌, 향, 부곡으로 편제되어 있었다.

5 삼국유사에 관한 설명으로 옳은 것은?

① 불교적인 설화를 많이 채록하였다.

② 고려의 전신인 고구려를 정통(正統)으로 서술하였다.

③ 기전체를 채택하여 본기와 열전으로 구성되어 있다.

④ 삼국의 역사를 중국과 같은 제왕(帝王)의 역사로 인식하였다.

>>>>>>>> 3.② 4.④ 5.①

ADVICE

3 ② 신라는 전제 왕권을 강화하기 위하여 신문왕 9년(689년) 봄 정월에 중앙과 지방 관리들의 녹읍을 폐지하고 해마다 조를 차등 있게 주고 이를 일정한 법으로 삼았다.

4 신라 촌락문서에는 서원경 부근 4개 촌의 크기와 함께, 호구(戶口)의 수, 전답(田畓)의 넓이, 과실나무의 수, 소와 말의 수가 기록되어 있다. 또 3년 사이의 변화상도 적혀 있다. 특히 호구에 대한 정보가 자세한데, 사람의 수는 나이에 따라 등급을 나누어 기록하였다. 가호는 부유한 정도에 따라 9등급으로 나누고, 각 등급별로 합산하여 숫자를 기록하였다.

5 ② 고구려, 백제, 신라 삼국뿐 아니라 고조선에서부터 고려까지, 우리 민족의 흥망성쇠의 역사를 폭넓게 다루고 있는 작품이다.

③ 개인의 저술인 삼국유사는 내용별로 편목을 나누어 옛 이야기를 기술하고 있다.

④ 일연은 정치적으로 불안하고 전쟁으로 고통받던 고려 후기에 중국 문화와 대등하면서도 독자적인 우리 문화에 자부심과 주체성을 가질 수 있도록 『삼국유사』를 집필했다.

6 무신집권기에 관한 설명으로 옳은 것은?

① 정치적인 혼란에도 불구하고 민생은 안정되었다.
② 최씨 정권은 능력 있는 문신들을 기용하여 통치에 활용하였다.
③ 개경의 교종 승려 및 사원 세력을 적극적으로 지원하였다.
④ 최항은 무신의 합의기관인 도방을 만들어 권력을 장악하였다.

7 고려시대 사회에 관한 설명으로 옳은 것은?

① 고려시대에는 여성이 호주가 될 수 없었다.
② 여성들은 재혼할 수 있었으나, 근친혼은 엄격하게 금지되었다.
③ 음서제도에 있어서 친아들과 친손자만 혜택을 누릴 수 있었다.
④ 노비와 토지 등의 재산을 남녀의 차별 없이 동등하게 상속할 수 있었다.

>>>>>>>> 6.② 7.④

ADVICE

6 ① 민생은 도탄에 빠졌다.
③ 문신과 연결되었던 개경 중심의 이론 불교인 교종이 쇠퇴하고, 선종이 무신들의 비호를 받으며 두각을 나타내었다.
④ 최충헌이 도방을 부활시켰다.

7 ① 여성도 호주가 될 수 있었다.
② 고려시대까지는 왕실과 귀족계층에서 근친혼이 성행했다.
③ 음서를 지급하는 대상은 친아들이 가장 우선권이 있었으며, 아들이 없을 경우 조카, 사위, 친손자와 외손자, 양자 등의 순으로 지급받을 수 있었다.

8 밑줄 친 "이 제도"에 해당하는 것은?

경연에서 조광조가 중종에게 아뢰기를 "국가에서 사람을 등용할 때 과거 시험에 합격한 사람을 중요하게 여깁니다. 그러나 매우 현명한 사람이 있다면 어찌 꼭 과거시험에만 국한하여 등용할 수 있겠습니까? 중국 한을 본받아 이 제도를 실시하여 덕행이 있는 사람을 천거하여 인재를 찾으십시오"라고 하였다.

–『중종실록』 –

① 현량과
② 빈공과
③ 음서제
④ 독서삼품과

9 조선 전기의 경제 활동에 관한 설명으로 옳지 않은 것은?

① 장인을 공장안에 등록해 각 관청에 소속시켰다.
② 광작의 유행으로 일부 농민은 부농층으로 성장했다.
③ 저화와 조선통보와 같은 화폐를 만들어 유통시켰다.
④ 우리 풍토에 맞는 농사법을 정리한 농사직설을 간행하였다.

>>>>>>>>> 8.① 9.②

ADVICE

8 ① 조선 중종 때, 조광조 등의 제안으로 경학에 밝고 덕행이 높은 사람을 천거하여 대책으로 시험을 보아 뽑던 과거 제도이다.
② 중국 당나라 때, 외국인에게 보게 하던 과거 제도이다.
③ 고려와 조선 시대에 중신 및 양반의 신분을 우대하여 친족 및 처족을 과거와 같은 선발 기준이 아닌 출신을 고려하여 관리로 사용하는 제도이다.
④ 국학 졸업생의 학력을 평가하여서 관리로 선발하는 방식이다.

9 ② 광작은 조선 후기 경작 토지의 규모를 확대하여 농업 생산을 도모하던 일로, 지주, 자작농뿐 아니라 소작농도 광작에 참여할 수 있었다.

10 조선 후기 문화에 관한 설명으로 옳은 것을 모두 고른 것은?

> ㉠ 우리나라의 전체 역사를 편찬하려는 노력의 결과 동국통감이 간행되었다.
> ㉡ 고관산수도는 간결하고 과감한 필치로 인물의 내면세계를 느낄 수 있게 표현하였다.
> ㉢ 양반전, 허생전과 같은 한문 소설은 양반 사회의 허구성을 지적하고 실용적 태도를 강조한 것이다.
> ㉣ 종전의 실경산수화에 중국 남종 화법을 가미해 우리 고유의 자연을 표현한 새로운 화법이 창안되었다.

① ㉠, ㉡
② ㉠, ㉣
③ ㉡, ㉢
④ ㉢, ㉣

11 다음 설명에 해당하는 것은?

> 조선 후기 향촌 사회의 지배권을 차지하기 위해 구향과 신향 사이에 벌어진 다툼

① 향전
② 향회
③ 향약
④ 향안

12 흥선대원군이 실시한 정책으로 옳지 않은 것은?

① 당백전 발행
② 경복궁 중건
③ 호포제 실시
④ 대전통편 편찬

>>>>>>>> **10.**④ **11.**① **12.**④

ADVICE

10 ㉠ 조선전기 문신·학자 서거정 등이 왕명으로 고대부터 고려 말까지의 역사를 기록하여 1485년에 편찬한 역사서이다.
㉡ 고관산수도를 그린 조선 문인화가 조영석은 조선전기 시대 인물이다.

11 ② 향안에 등록되어 있는 향원들의 모임이다.
③ 향촌 규약의 준말로, 지방의 향인들이 서로 도우며 살아가자는 약속이다.
④ 향촌 사회의 지배층인 사족의 명단을 기록한 문서이다.

12 ④ 『대전통편』은 정조 9년(1785년)에 편찬되었다.

13 광무개혁에 관한 설명으로 옳은 것은?

① 단발령과 종두법을 시행하였다.

② 토지를 조사하는 양전사업을 실시하였다.

③ 국가 재정을 탁지아문으로 일원화하였다.

④ 개혁의 기본 강령인 홍범 14조를 반포하였다.

14 다음의 사건을 발생한 순서대로 올바르게 나열한 것은?

> ㉠ 조선어 학회 사건
> ㉡ 6 · 10 만세 운동
> ㉢ 광주 학생 항일 운동
> ㉣ 3 · 1 운동

① ㉠ → ㉡ → ㉢ → ㉣   ② ㉡ → ㉣ → ㉠ → ㉢

③ ㉢ → ㉡ → ㉠ → ㉣   ④ ㉣ → ㉡ → ㉢ → ㉠

15 노태우 정부의 대북정책에 관한 설명으로 옳은 것은?

① 「남북 관계 발전과 평화 번영을 위한 선언」을 채택하였다.

② 북한과 평화 통일 원칙에 합의한 「7 · 4 남북 공동 성명」을 발표하였다.

③ 남북 유엔 동시 가입과 「남북 기본 합의서」를 채택하는 성과를 이루었다.

④ 최초로 남북 정상 회담이 개최되고 「6 · 15 남북 공동 신언」을 채백하였다.

〉〉〉〉〉〉〉〉〉 **13.**② **14.**④ **15.**③

ADVICE

13 ①③④ 갑오개혁

14 ㉣ 1919년 3월 1일
㉡ 1926년 6월 10일
㉢ 1929년
㉠ 1942년 10월

15 노태우 정부(1988년~1993년)
① 2007년 ② 1972년 ④ 2000년

2 관광자원해설

16 우리나라 국립공원에 관한 설명으로 옳지 않은 것은?

① 지리산은 최초로 지정된 국립공원이다.

② 공원구역 면적이 가장 넓은 국립공원은 태안해안이다.

③ 2022년 현재 총 22개의 국립공원이 지정되어 있다.

④ 오대산 국립공원은 강원도에 위치하고 있다.

17 산업관광자원이 아닌 것은?

① 제철소

② 조선소

③ 자동차 공장

④ 풍속

>>>>>>>> 16.② 17.④

ADVICE

16 ② 우리나라에서 면적이 가장 넓은 국립공원은 '다도해해상 국립공원'이다.

17 ④ 사회적 관광 자원이다.

18 무형문화재에 해당하는 것은?

① 농악

② 건조물

③ 종교 서적

④ 석탑

19 관광자원의 설명으로 옳은 것은?

① 매력성은 관광자원의 중요한 요소가 아니다.

② 관광자원은 관광목적물이 아니다.

③ 관광자원은 유·무형의 대상물이 있다.

④ 관광자원과 관광시설은 연관성이 없다.

20 향토축제와 지역의 연결이 옳지 않은 것은?

① 화천 산천어축제 – 강원도

② 김제 지평선축제 – 전라북도

③ 고려산 진달래축제 – 충청북도

④ 자라섬 재즈페스티벌 – 경기도

>>>>>>>> 18.① 19.③ 20.③

ADVICE

18 ① 무형문화재는 연극·음악·무용·놀이와 의식·무예·공예기술·음식 등 무형의 문화적 소산으로서 역사적·예술적 또는 학술적 가치가 큰 것을 가리킨다.

19 ① 관광자원의 매력성은 관광지의 개발 유형을 결정하는 핵심요소이다.

② 관광의 주체는 관광객이고, 객체(목적물)는 관광자원이다.

④ 관광시설은 관광자원을 이용하는데 편의를 제공하므로 연관성이 있다.

20 ③ 고려산 진달래축제 – 강화도

21 마이스(MICE)산업의 특징에 관한 설명으로 옳은 것은?

① 일반 관광 상품에 비해 수익성이 매우 낮다.

② 부가가치가 적은 복합 전시 산업을 의미하는 신조어이다.

③ 고용 등 경제적 파급효과가 낮아 별로 주목을 받지 못하고 있다.

④ 최근 지역 경제 활성화를 위한 새로운 성장 동력으로 자리 잡아가고 있다.

22 우리나라 유네스코 세계기록유산의 기록 내용을 시대 순서대로 올바르게 나열한 것은?

> ㉠ 훈민정음(해례본)
> ㉡ 난중일기(亂中日記)
> ㉢ 새마을운동 기록물
> ㉣ 5 · 18 광주 민주화 운동 기록물

① ㉠ → ㉡ → ㉢ → ㉣

② ㉠ → ㉡ → ㉣ → ㉢

③ ㉡ → ㉠ → ㉢ → ㉣

④ ㉡ → ㉠ → ㉣ → ㉢

>>>>>>>> 21.④ 22.①

ADVICE

21 MICE 산업은 대규모 회의장이나 전시장 등 전문시설을 갖추고 국제회의, 전시회, 인센티브투어와 이벤트를 유치하여 경제적 이익을 실현하는 산업으로 숙박, 교통, 관광, 무역, 유통 등 관련 여러 산업과 유기적으로 결합한 고부가가치 산업이다.

① 일반 관광 상품에 비해 수익성이 높다.

② 고부가가치 산업이다.

③ 최근 들어 고용 창출 및 경제적 파급효과가 커 주목 받고 있다.

22 ㉠ 1446년(세종 28년)

㉡ 1592년~1598년(임란 7년)

㉢ 1970년~1979년

㉣ 1980년 5월 18일~5월 27일

23 무형문화재에 관한 설명으로 옳지 않은 것은?

① 무형문화재는 무형의 문화적 소산이다.

② 남사당놀이는 고구려시대 서민층을 공연 대상으로 하였다.

③ 은산별신제는 충청남도 부여군에서 전승되었다.

④ 통영오광대는 탈놀이로 무형문화재이다.

24 우리나라 전통 건축양식에 관한 설명으로 옳은 것을 모두 고른 것은?

> ㉠ 배흘림기둥은 원형기둥의 하부에서 1/3지점이 굵고 상부와 하부가 가늘다.
> ㉡ 주심포 양식은 공포(栱包)를 기둥 위뿐 아니라 기둥 사이에도 설치한다.
> ㉢ 다포 양식은 공포가 기둥 위에만 있다.
> ㉣ 경복궁 근정전은 다포 양식 목조 건물의 대표적인 건축물이다.

① ㉠, ㉡　　　　　　　　　　　② ㉠, ㉣

③ ㉡, ㉢　　　　　　　　　　　④ ㉢, ㉣

25 일월오봉도에 관한 설명으로 옳지 않은 것은?

① 조선시대 궁궐 정전의 어좌 뒤편에 놓였던 병풍이다.

② 다섯 개의 산봉우리와 해, 달, 소나무 등을 소재로 삼았다.

③ 왕과 신하의 권위와 존엄을 상징한다.

④ 4첩, 8첩, 한 폭 짜리 협폭, 삽병 형식 등 다양한 형태로 남아 있다.

>>>>>>>> **23.②　24.②　25.③**

ADVICE

23 ② 꼭두쇠(우두머리)를 비롯해 최소 40명에 이르는 남자들로 구성된 유랑연예인인 남사당패가 농·어촌을 돌며, 주로 서민
층을 대상으로 조선 후기부터 연행했던 놀이이다.

24 ㉡ 주심포 양식은 공포가 기둥 위에만 있다.
　　㉢ 다포 양식은 공포를 기둥 위뿐 아니라 기둥 사이에도 설치한다.

25 ③ 해와 달, 그 아래 다섯 봉우리와 소나무 그리고 파도치는 물결이 좌우 대칭을 이루며 왕의 권위와 존엄을 상징하는
그림이다.

3 관광법규

26 관광기본법상 관광기본법의 목적이 아닌 것은?

① 국제친선의 증진
② 지역균형발전
③ 국민복지의 향상
④ 건전한 국민관광의 발전 도모

27 관광진흥법상 용어의 정의로 옳지 않은 것은?

① "소유자등"이란 단독 소유나 공유(共有)의 형식으로 관광사업의 일부 시설을 관광사업자로부터 분양받은 자를 말한다.
② "지원시설"이란 관광지나 관광단지의 관리·운영 및 기능 활성화에 필요한 관광지 및 관광단지 안팎의 시설을 말한다.
③ "관광사업자"란 관광사업을 경영하기 위하여 인가·허가·승인 또는 지정을 받거나 등록 또는 신고를 한 자를 말한다.
④ "여행이용권"이란 관광취약계층이 관광 활동을 영위할 수 있도록 금액이나 수량이 기재된 증표를 말한다.

>>>>>>>> 26.② 27.③

ADVICE

26 이 법은 관광진흥의 방향과 시책에 관한 사항을 규정함으로써 국제친선을 증진하고 국민경제와 국민복지를 향상시키며 건전한 국민관광의 발전을 도모하는 것을 목적으로 한다〈「관광기본법」 제1조〉.

27 ③ "관광사업자"란 관광사업을 경영하기 위하여 등록·허가 또는 지정을 받거나 신고를 한 자를 말한다〈「관광진흥법」 제2조 제2호〉.

28 관광진흥법령상 여행업자가 여행계약서에 명시된 숙식, 항공 등 여행일정 변경시 사전에 여행자로부터 받아야 할 서면동의서에 포함되는 사항을 모두 고른 것은?

> ㉠ 여행의 변경내용
> ㉡ 여행의 변경으로 발생하는 비용
> ㉢ 여행목적지(국가 및 지역)의 여행경보단계
> ㉣ 여행자 또는 단체의 대표자가 일정변경에 동의한다는 의사표시의 자필서명

① ㉠

② ㉠, ㉡

③ ㉠, ㉡, ㉣

④ ㉡, ㉢, ㉣

29 관광진흥개발기금법령상 기금납부면제대상자가 아닌 부모와 8세의 자녀로 구성된 가족 3명이 국내 항만을 통해 선박으로 출국하는 경우 납부해야 할 납부금의 총 액수는?

① 2천원

② 3천원

③ 2만원

④ 3만원

30 관광진흥법령상 관광사업의 영업에 대한 지도와 감독의 내용으로서 영업소의 폐쇄조치 사유에 해당하는 것은?

① 甲이 처분이 금지된 관광사업의 시설을 타인에게 처분한 경우

② 乙이 의료관광호텔업자의 지위를 승계하고도 법정 기간내에 신고를 하지 않은 경우

③ 丙이 보험 또는 공제에 가입하지 아니하거나 영업보증금을 예치하지 아니하고 여행업을 시작한 경우

④ 丁이 기타유원시설업을 신고 없이 영업을 하는 경우

〉〉〉〉〉〉〉〉 28.③ 29.① 30.④

ADVICE

28 서면동의서에는 변경일시, 변경내용, 변경으로 발생하는 비용 및 여행자 또는 단체의 대표자가 일정변경에 동의한다는 의사를 표시하는 자필서명이 포함되어야 한다〈「관광진흥법 시행규칙」 제2조의4 제3항〉.

29 국내 공항과 항만을 통하여 출국하는 자는 7천만 원을 기금에 납부하여야 한다. 다만, 선박을 이용하는 경우에는 1천원으로 한다. 12세 미만인 어린이는 납부대상이 아니다〈「관광진흥개발기금법 시행령」 제1조의2〉.

30 ①②③ 등록취소 사유에 해당한다〈「관광진흥법」 제35조 제1항〉.

31 관광진흥법상 관광종사원의 자격을 필수적으로 취소해야 하는 사유로 명시된 것은?

① 관광종사원 자격증을 가지고 있는 관광사업자에게 영업소가 폐쇄된 후 2년이 지나지 아니한 사실이 발견된 경우

② 관광종사원으로서 직무를 수행하는 데에 비위(非違)를 저지른 사실이 2번째로 적발된 경우

③ 관광종사원 자격증을 가지고 있는 관광사업자의 관광사업 등록이 취소된 경우

④ 다른 사람에게 관광종사원 자격증을 대여한 경우

32 국제회의산업 육성에 관한 법령상 국제기구나 국제기구에 가입한 기관 또는 법인·단체가 개최하는 회의가 국제회의에 해당하기 위한 요건이다. (   )에 들어갈 내용을 순서대로 올바르게 나열한 것은?

> • 해당 회의에 3개국 이상의 외국인이 참가할 것
> • 회의 참가자가 100명 이상이고 그 중 외국인이 (㉠)명 이상일 것
> • (㉡)일 이상 진행되는 회의일 것

① ㉠ : 50, ㉡ : 3

② ㉠ : 50, ㉡ : 2

③ ㉠ : 100, ㉡ : 2

④ ㉠ : 100, ㉡ : 3

⟩⟩⟩⟩⟩⟩⟩⟩ **31.④ 32.②**

ADVICE

31 「관광진흥법」 제40조(자격취소 등) ··· 문화체육관광부장관(관광종사원 중 대통령령으로 정하는 관광종사원에 대하여는 시·도지사)은 자격을 가진 관광종사원이 다음의 어느 하나에 해당하면 문화체육관광부령으로 정하는 바에 따라 그 자격을 취소하거나 6개월 이내의 기간을 정하여 자격의 정지를 명할 수 있다. 다만, ㉠ 및 ㉡에 해당하면 그 자격을 취소하여야 한다.
　㉠ 거짓이나 그 밖의 부정한 방법으로 자격을 취득한 경우
　㉡ 결격사유의 어느 하나에 해당하게 된 경우
　　• 피성년후견인·피한정후견인
　　• 파산선고를 받고 복권되지 아니한 자
　　• 이 법을 위반하여 징역 이상의 실형을 선고받고 그 집행이 끝나거나 집행을 받지 아니하기로 확정된 후 2년이 지나지 아니한 자 또는 형의 집행유예 기간 중에 있는 자
　㉢ 관광종사원으로서 직무를 수행하는 데에 부정 또는 비위(非違) 사실이 있는 경우
　㉣ 법을 위반하여 다른 사람에게 관광종사원 자격증을 대여한 경우

32 국제회의의 요건⟨「국제회의산업 육성에 관한 법률 시행령」 제2조(국제회의의 종류·규모) 제1호⟩
　가. 해당 회의에 3개국 이상의 외국인이 참가할 것
　나. 회의 참가자가 100명 이상이고 그 중 외국인이 50명 이상일 것
　다. 2일 이상 진행되는 회의일 것

33 관광진흥법령상 한국관광 품질인증을 받을 수 있는 사업이 아닌 것은?

① 관광면세업

② 외국인관광 도시민박업

③ 관광식당업

④ 한국전통호텔업

34 관광진흥법상 문화관광해설사에 관한 설명으로 옳지 않은 것은?

① 문화체육관광부장관은 3년마다 문화관광해설사의 양성 및 활용계획을 수립하여야 한다.

② 지방자치단체의 장은 예산의 범위에서 문화관광해설사의 활동에 필요한 비용을 지원할 수 있다.

③ 지방자치단체의 장은 「관광진흥법」에 따른 교육과정을 이수한 자를 문화관광해설사로 선발하여 활용할 수 있다.

④ 문화체육관광부장관은 문화관광해설사를 선발하는 경우 평가 기준에 따라 이론 및 실습을 평가하고, 3개월 이상의 실무수습을 마친 자에게 자격을 부여할 수 있다.

>>>>>>>> 33.④ 34.①

ADVICE

33 한국관광 품질인증의 대상〈「관광진흥법 시행령」 제41조의11〉
    ㉠ 야영장업
    ㉡ 외국인관광 도시민박업
    ㉢ 한옥체험업
    ㉣ 관광식당업
    ㉤ 관광면세업
    ㉥ 숙박업
    ㉦ 외국인관광객면세판매장
    ㉧ 그 밖에 관광사업 및 이와 밀접한 관련이 있는 사업으로서 문화체육관광부장관이 정하여 고시하는 사업

34 ① 문화체육관광부장관은 문화관광해설사를 효과적이고 체계적으로 양성·활용하기 위하여 해마다 문화관광해설사의 양성 및 활용계획을 수립하고, 이를 지방자치단체의 장에게 알려야 한다〈「관광진흥법」 제48조의4 제1항〉.

35 관광진흥법상 관광개발기본계획에 포함되어야 할 사항으로 명시된 것이 아닌 것은?

① 전국의 관광 수요와 공급에 관한 사항

② 관광권역(觀光圈域)의 설정에 관한 사항

③ 관광권역별 관광개발의 기본방향에 관한 사항

④ 관광지 연계에 관한 사항

>>>>>>>>>> 35.④

ADVICE

35 관광개발기본계획〈「관광진흥법」제49조 제1항〉
   ㉠ 전국의 관광 여건과 관광 동향(動向)
   에 관한 사항
   ㉡ 전국의 관광 수요와 공급에 관한 사항
   ㉢ 관광자원 보호 · 개발 · 이용 · 관리 등에 관한 기본적인 사항
   ㉣ 관광권역(觀光圈域)의 설정에 관한 사항
   ㉤ 관광권역별 관광개발의 기본방향에 관한 사항
   ㉥ 그 밖에 관광개발에 관한 사항

36 다음의 관광 어원이 되는 글귀가 처음 등장한 중국 문헌은?

> "觀國之光利用賓于王"(관국지광 이용빈우왕)

① 역경(易經) ② 시경(詩經)
③ 춘추(春秋) ④ 논어(論語)

37 친환경적인 대안관광(alternative tourism)의 행태로 옳지 않은 것은?

① 지속가능한 관광(sustainable tourism) ② 대중관광(mass tourism)
③ 농촌관광(rural tourism) ④ 생태관광(ecotourism)

38 2000~2020년에 대한민국에서 개최한 국제 행사가 아닌 것은?

① 대전 세계박람회 ② APEC 정상회의
③ ASEM 정상회의 ④ G20 정상회담

>>>>>>>> **36.**① **37.**② **38.**①

ADVICE

36 ① 관광(觀光)이라는 말은 중국 주나라 시절 만들어진 '역경'의 '관국지광 이용빈우왕(觀國之光利用賓于王)'이라는 구절에서 유래되었다. '육사는 나라의 빛남을 봄이니 왕의 빈객됨이 이롭다'라는 뜻이다.

37 대안관광(alternative tourism)은 기존의 관광형태(대량관광)가 관광지의 자연자원 훼손, 생태계 파괴, 지역사회에 대한 부정적 영향 등을 초래한다는 인식이 증가하면서 등장한 개념이다. 대안관광은 소규모 집단으로 이루어지며, 경제적인 편익도 적절하게 제공하는 동시에 자연환경에 부정적 영향을 적게 주는 바람직한 관광을 의미한다. 생태관광(Eco Tourism), 자연관광(Nature Tourism), 소규모관광(Small-scale Tourism), 녹색관광(Green Tourism), 마을관광(Village/Cottage Tourism) 등 다양한 형태를 포괄하는 개념이다.

38 ① 대전 세계박람회(EXPO)는 1993년에 개최되었다.

39 관광 법규가 제정된 시기를 순서대로 올바르게 나열한 것은?

> ㉠ 관광기본법
> ㉡ 관광진흥개발기금법
> ㉢ 관광진흥법
> ㉣ 한국관광공사법
> ㉤ 국제회의 육성에 관한 법률

① ㉠→㉡→㉣→㉤→ ㉢
② ㉠→㉡→㉤→㉣→㉢
③ ㉡→㉠→㉢→㉣→㉤
④ ㉡→㉠→㉣→㉢→㉤

40 여행 산업의 특성으로 옳은 것은?

① 현금유동성이 낮은 산업이다.
② 외부환경에 민감한 업종이다.
③ 고정자산비중이 높은 산업이다.
④ 기술집약적 산업이다.

〉〉〉〉〉〉〉〉 **39.**④ **40.**②

ADVICE

39 ㉡ 1972년
㉠ 1975년
㉣ 1986년 5월
㉢ 1986년 12월
㉤ 1996년

40 여행 산업의 특성
㉠ 고정자본, 설비 투자가 적다.
㉡ 현금 유동성이 높고 외상거래 빈도가 낮아 위험부담이 적다.
㉢ 재고자산이 발생하지 않는다.
㉣ 노동력에 대한 의존도가 높다.
㉤ 외부환경에 민감한 업종이다.
㉥ 제품의 수명주기가 짧다.
㉦ 모방하기가 쉬워 차별화가 힘들다.
㉧ 계절성이 강하다.

41 다음에서 설명하는 카지노 게임은?

> • 카드를 사용하여 플레이어와 딜러가 승부를 겨루는 게임이다.
> • 플레이어는 카드의 합이 21 또는 21에 가까운 숫자를 얻는데 목적이 있다.

① 바카라
② 다이사이
③ 키노
④ 블랙잭

42 관광사업의 종류 중 카지노업에 관한 설명으로 옳지 않은 것은?

① 한국 카지노 설립의 근거 법은 1961년에 제정된 '복표발행 · 현상기타사행행위단속법'이다.
② 2006년 7월 이후, 제주도를 포함한 전국 카지노 사업 허가권과 지도 · 감독권은 문화체육관광부에서 가지고 있다.
③ 강원랜드는 「폐광지역개발지원에 관한특별법」에 의해 2045년까지 한시적으로 내국인 출입이 허용되고 있다.
④ 2021년 12월 기준 외국인 전용카지노는 16개, 내국인출입 카지노는 1개이다.

>>>>>>>> **41.**④ **42.**②

ADVICE

41 ① 두 장의 카드를 더한 수의 끝자리가 9에 가까운 쪽이 이기는 게임이다.
② 딜러에 의해 주사위 용기를 흔들어 결정된 3개의 주사위 해당 베팅과 일치하면 정해진 배당이 지급되는 게임이다.
③ 80개의 숫자가 쓰여진 공을 갖고 20개의 숫자가 무작위로 뽑히는 게임이다.

42 ② 2006년 7월 제주특별자치도 특별법 이후 제주도를 제외한 전국 카지노 사업 허가권과 지도 감독권은 문화체육관광부에서 가지고 있다. 제주도의 카지노 허가, 지도, 감독권은 제주특별자치 도지사가 갖고 있다.

43 다음에서 설명하는 것으로 옳은 것은?

> 제시된 한 가지 주제에 대해 상반된 동일 분야의 전문가들이 사회자의 주관 아래 서로 다른 견해를 청중 앞에서 전개하는 공개토론회로 청중의 참여가 활발히 이루어지며 사회자의 중립적 역할이 중요한 회의

① 워크샵(workshop)　　　　　② 세미나(seminar)
③ 포럼(forum)　　　　　　　④ 컨퍼런스(conference)

44 IATA code에 따른 항공사별 연결이 옳지 않은 것은?

① OZ –아시아나항공
② KE –대한항공
③ TW–티웨이항공
④ RS –진에어

45 관광사업의 구성요소인 관광매체에 관한 설명으로 옳은 것은?

① 관광자원, 관광시설, 기반시설 등을 말한다.
② 관광매체는 관광객의 관광욕구를 충족시켜 줄 수 있는 모든 관광자원이다.
③ 관광매체는 관광객과 관광대상을 연결시켜주는 역할을 한다.
④ 관광하는 사람 또는 방문자를 의미한다.

>>>>>>>> **43.**③ **44.**④ **45.**③

ADVICE

43 ① 작업실, 혹은 작업에 필요한 논의를 하는 연수회를 의미하는 사무 용어다.
　　② 어떤 대상에 대해 학술적인 토론, 연구를 갖기 위한 모임이다.
　　④ 공통의 주제에 관해 사람들이 모여 토론하는 대규모 회의를 일컫는다.

44 ④ RS – 에어서울

45 ①② 관광객체에 관한 설명이다.
　　④ 관광주체에 관한 설명이다.

46 관광진흥법령상 국내외를 여행하는 내국인 및 외국인을 대상으로 하는 여행업은?

① 종합여행업

② 일반여행업

③ 국내외여행업

④ 국외여행업

47 관광교통의 특성으로 옳지 않은 것은?

① 수요의 탄력성이 크다.

② 관광교통의 수요는 세분화되어 있다.

③ 대중교통수단은 해당되지 않는다.

④ 관광자원에 대한 매력도를 상승시킬 수 있다.

48 다음 업무를 수행하는 기관은?

```
• 관광산업 및 정책총괄
• 관광에 대한 대외적 및 전국적 차원의 정책수립
• 정부발표에 대한 사무 및 총괄
```

① 한국관광공사

② 한국관광협회중앙회

③ 한국여행업협회

④ 문화체육관광부

>>>>>>>> **46.① 47.③ 48.④**

ADVICE

46 여행업의 종류
　ⓐ **종합여행업** : 국내외를 여행하는 내국인 및 외국인을 대상으로 하는 여행업(사증(査證)을 받는 절차를 대행하는 행위를 포함한다)
　ⓑ **국내외여행업** : 국내외를 여행하는 내국인을 대상으로 하는 여행업(사증을 받는 절차를 대행하는 행위를 포함한다)
　ⓒ **국내여행업** : 국내를 여행하는 내국인을 대상으로 하는 여행업

47 ③ 대중교통을 이용해서 관광지로 가는 과정에서 추가적인 효용을 얻을 수 있다.

48 ① 관광진흥 · 관광자원 · 국민관광진흥 개발 및 관광요원의 양성훈련에 관한 사업을 수행하는 문화체육관광부 산하의 정부투자기관이다.
② 지역별 및 업종별 관광협회가 설립한 관광사업을 대표하는 기구이다.
③ 관광사업의 일 분야인 여행업을 대표하는 협회이다.

49 외국인 관광객이 우리나라에 가장 많이 입국한 해는?

① 2017년

② 2018년

③ 2019년

④ 2020년

50 2022년 한국관광공사 선정 스마트 관광도시가 아닌 곳은?

① 남원

② 청주

③ 경주

④ 제주

>>>>>>>> **49.③ 50.④**

ADVICE

49 우리나라 외국인 관광객 입국자 현황

ⓐ 2017년 : 1333만

ⓑ 2018년 : 1534만

ⓒ 2019년 : 1750만

ⓓ 2020년 : 251만

ⓔ 2021년 : 96만

ⓕ 2022년 : 320만

ⓖ 2023년 : 1103만

50 2022년 지능형(스마트) 관광도시 사업 대상지

유형	지자체	사업대상구역
교통연계형	울산광역시(남구)	장생포 고래문화특구
	충청북도 청주시	문화제조창 등 원도심과 주변
관광명소형	경상북도 경주시	경주 황리단길 일원
	전라북도 남원시	광한루 전통문화체험지구
강소형	강원도 양양군	서피비치로드
	경상남도 하동군	화개장터, 최참판댁, 쌍계사 등

1 국사

---

1 빗살무늬토기가 전국적으로 널리 분포하던 시대에 관한 설명으로 옳지 않은 것은?

① 가락바퀴나 뼈바늘이 출토되는 것으로 보아 옷이나 그물이 만들어졌다.

② 연장자나 경험이 많은 자가 자기 부족을 이끌어 나가는 평등사회였다.

③ 사람이 죽어도 영혼은 없어지지 않는다고 생각하는 영혼 숭배와 조상 숭배가 나타났고, 무당과 그 주술을 믿는 샤머니즘도 있었다.

④ 청동 제품을 제작하던 거푸집이 전국의 여러 유적에서 발견되고 있다.

>>>>>>>> 1.④

ADVICE

1 빗살무늬토기는 신석기 시대의 유물이다. 신석기 시대에는 정착생활이 이루어지면서 농경과 목축이 시작되었다. 대개 연장자가 부족을 통솔하였으며 간석기를 비롯하여 빗살무늬토기, 가락바퀴, 뼈바늘 등의 유물이 출토되어 농경 및 의복생활을 했음을 알 수 있다. 또한 원시신앙으로 토테미즘, 애니미즘, 샤머니즘, 영혼 및 조상 숭배 사상이 출현하였다.
④ 철기시대

2 다음의 나라에 관한 설명으로 옳은 것은?

> 12월에 영고라는 제천행사가 열렸다. 이 때에는 하늘에 제사를 지내고 노래와 춤을 즐겼으며, 죄수를 풀어주기도 하였다.

① 왕과 신하들이 국동대혈에 모여 함께 제사를 지냈다.
② 남의 물건을 훔쳤을 때에는 물건값의 12배를 배상하는 법 조항이 전해진다.
③ 각 부족의 영역을 함부로 침범하지 못하게 하였으며, 다른 부족의 생활권을 침범하면 책화라하여 노비와 소, 말로 변상하게 하였다.
④ 가족이 죽으면 시체를 가매장하였다가 나중에 그 뼈를 추려서 가족 공동 무덤인 커다란 목곽에 안치하였다.

3 다음 설명에 해당하는 것은?

> 고구려가 당의 침략에 대비하여 16년간의 공사 끝에 647년 완성하였다. 부여성에서 비사성에 이른다. 연개소문은 이것의 축조를 감독하면서 요동 지방의 군사력을 장악하여 정권을 잡을 수 있었다.

① 4군 6진
② 강동6주
③ 동북9성
④ 천리장성

>>>>>>>> 2.② 3.④

ADVICE

2 제시문의 국가는 부여이다. 연맹왕국인 부여는 왕과 함께 마가, 우가, 구가, 저가라는 세력이 사출도를 통치하며 막강한 권한을 행사하였다. 또한 부여에는 1책 12법이라 하여 남의 물건을 훔친 경우 물건값의 12배를 배상하게 하는 법 조항이 있었다. 그 외에 순장이나 우제점복의 풍습이 있었다.
　① 고구려　③ 동예　④ 옥저

3 고구려 말기 영류왕(631) 대에 연개소문의 주도로 당나라의 침입을 막기 위하여 축조된 성은 천리장성이다.
　① 4군 6진 : 조선 세종 대 북방 개척
　② 강동 6주 : 고려 성종 대 거란의 침입과정에서 서희의 외교담판(993)으로 확보
　③ 동북 9성 : 고려 예종(1107)대 윤관이 여진족을 정벌하고 축조

4 고구려 초기에 수도인 국내성(집안)에서 만들어진 지배자의 무덤은 무엇인가?

① 돌무지무덤

② 돌무지덧널무덤

③ 벽돌무덤

④ 나무곽무덤

5 백제 성왕 대에 일어난 사건에 관한 설명으로 옳지 않은 것은?

① 대외 진출이 쉬운 사비(부여)로 도읍을 옮기고 국호를 남부여라고 부르기도 했다.

② 중국 남조와 활발하게 교류함과 아울러 일본에 불교를 전하기도 하였다.

③ 일시적으로 한강을 수복하였지만, 곧 신라에 빼앗기고, 왕도 관산성에서 전사하였다.

④ 불교를 처음으로 공인하여 중앙 집권 체제를 사상적으로 뒷받침하였다.

>>>>>>>> 4.① 5.④

ADVICE

4 고구려 국내성 유적지에 있는 무덤은 장군총으로 해당 무덤은 고구려 초기 무덤 양식인 돌무지무덤(적석총)이다. 고구려 후기 무덤 양식은 굴식돌방무덤(강서대묘)이다.
　① **돌무지덧널무덤** : 신라 초기 무덤 양식
　② **벽돌무덤** : 백제 무령왕릉
　④ **나무곽무덤**(덧널무덤) : 초기 철기시대 무덤 양식

5 성왕은 백제를 중흥시키기 위하여 기존의 도읍이었던 웅진에서 사비(부여)로 천도(538)하고, 국호를 남부여로 하였다. 또한 중앙은 22부, 수도는 5부, 지방은 5방으로 제도를 정비하였으며, 불교를 진흥하여 일본에 불교를 전파하였다. 대외적으로는 중국의 남조와 교류하였고, 신라에게 빼앗긴 한강유역을 일시적으로 수복하였지만 관산성 전투에서 신라에게 패하여 전사하였다.
　④ 백제에서 불교를 공인한 것은 침류왕(384)이다.

6 통일 신라의 지방 행정 조직에 관한 설명으로 옳은 것은?

① 전국을 5도와 양계로 크게 나누고 3경, 4도호부, 8목 등을 설치하였다.

② 지방관을 감찰하기 위하여 내사정을 파견하였다.

③ 지방 세력을 견제하기 위하여 상수리제도를 실시하였다.

④ 전략적 요충지에 5경을 두었고, 지방 행정의 중심에 15부를 두었다.

7 다음은 발해의 역사적 사건이다. 시기 순으로 올바르게 나열한 것은?

> ㉠ 길림성 돈화시 동모산 기슭에서 건국
> ㉡ 중국인들에 의해 해동성국이라 불림
> ㉢ 장문휴의 수군으로 당의 산동 지방을 공격
> ㉣ 중국과 대등한 지위에 있음을 과시하기 위해 대흥이라는 독자적인 연호 사용

① ㉠ → ㉡ → ㉢ → ㉣

② ㉠ → ㉢ → ㉡ → ㉣

③ ㉠ → ㉢ → ㉣ → ㉡

④ ㉡ → ㉠ → ㉣ → ㉢

〉〉〉〉〉〉〉〉 6.③ 7.③

ADVICE

6 신라는 삼국통일 이후 신문왕 대에 9주 5소경 제도를 통해 지방 행정 제도를 정비하였다. 또한 지방관을 감찰하기 위해 외사정을 파견하였고, 다른 한편으로 지방세력 견제를 위하여 상수리제도를 시행하였다. 상수리제도는 지방 세력의 자제를 왕경인 서라벌로 보내게 하는 제도로 지방세력의 반란을 막기 위한 일종의 인질 제도였다.
① 고려의 지방행정제도이다.
② 내사정이 아니라 외사정이다.
④ 발해의 지방행정제도이다.

7 ㉠ **대조영**: 발해 건국(698)
㉢ **발해 무왕**: 장문휴의 수군으로 당의 산동 지방을 공격(732)
㉣ **발해 문왕**: 독자적 연호인 '대흥'을 사용(737)
㉡ **발해 선왕**: 해동성국이라 불림(818~830)

8 고려 성종에 관한 설명으로 옳은 것은?

① 서경에 대화궁을 신축하였다.

② 정계와 계백료서를 간행하였다.

③ 속오법에 따라 속오군 체제로 정비하였다.

④ 12목을 설치하고 처음으로 목사를 파견하였다.

9 다음 설명에 해당하는 것은?

> 기병인 신기군, 보병인 신보군, 승병인 항마군으로 편성된 특수 부대이다.

① 별기군

② 별무반

③ 삼별초

④ 훈련도감

〉〉〉〉〉〉〉〉 8.④ 9.②

ADVICE

8 고려 성종은 최승로가 건의한 '시무 28조'에 따라 유교정치이념을 강화하고 지방세력에 대한 통제를 강화하기 위하여 12목을 설치해 지방관을 파견하였다.

① 서경 대화궁(1124) : 고려 인종 대 묘청의 건의로 신축

② 정계와 계백료서 : 고려 태조 대에 간행

③ 속오군 체제 : 조선시대 임진왜란 이후 정비한 지방군 체제

9 별무반(1104)은 고려 숙종 대 여진정벌을 위해 조직된 군대로 신기군, 신보군, 항마군으로 구성되었다. 윤관은 별무반을 이끌고 여진 정벌을 단행하였다.

① 별기군(1881) : 강화도조약(1876) 체결 이후 조직된 신식 군대

③ 삼별초 : 고려 최씨 무신정권기에 조직된 사병조직으로 이후 대몽항쟁을 이어갔다.

④ 훈련도감(1593) : 임진왜란 중 설치한 임시기구였지만 이후 상설기구가 된 군사조직으로 삼수병(포수, 사수, 살수)을 중심으로 편제되었다.

10 다음 설명에 해당하는 인물은?

> • 국청사를 창건하여 천태종을 창시하였다.
> • 교단 통합 운동을 펼쳤으며 교관겸수를 제창하였다.

① 요세   ② 의천

③ 지눌   ④ 혜심

11 조선 통신사에 관한 설명으로 옳지 않은 것은?

① 조선 초기부터 정기적으로 중국에 파견되었다.

② 외교 사절로 일본에서는 국빈으로 예우 받았다.

③ 조선의 선진 학문과 기술을 전파하는 역할을 하였다.

④ 도쿠가와 막부의 장군이 바뀔 때 권위를 국제적으로 인정받기 위해 파견을 요청받았다.

〉〉〉〉〉〉〉〉 10.② 11.①

ADVICE

10 제시문의 인물은 대각국사 의천이다. 의천은 천태종을 창시하고 분열된 불교 통합을 위하여 교종을 중심으로 선종 통합을 시도하였다. 또한 불교의 수행 방법으로 교리와 깨달음을 같이 수행할 것을 강조하는 교관겸수를 주장하였다.

① **요세** : 백련결사운동을 주도

③ **지눌** : 수선결사운동을 주도하고, 조계종을 창시하여 교선통합운동 전개. 수행방법으로 돈오점수, 정혜쌍수를 주장

④ **혜심** : 유불일치설 주장

11 조선통신사는 일본에 파견된 외교 사절단으로 조선의 선진 학문과 기술을 전파하였다. 임진왜란 이후에는 도쿠가와 막부에서 적극적으로 요청하여 일본에 파견되었고, 순조(1811) 대까지 일본에 왕래하였다.

12 조선 후기 과학 기술의 발달에 관한 설명으로 옳은 것은?

① 흥덕사에서 직지심체요절을 간행하였다.

② 금속활자로 상정고금예문을 인쇄하였다.

③ 기기도설을 참고하여 거중기를 만들었다.

④ 고구려 천문도를 바탕으로 천상열차분야지도를 돌에 새겼다.

13 조선 중종 대에 관한 설명으로 옳은 것은?

① 현량과를 실시하였다.

② 대전통편을 편찬하였다.

③ 식목도감을 설치하였다.

④ 전민변정도감을 설치하였다.

〉〉〉〉〉〉〉〉〉 12.③ 13.①

ADVICE

12 조선 후기 정조 대 정약용은 거중기를 제작하여 수원 화성을 축조하는데 활용하였다.
　① **직지심체요절** : 고려 공민왕(1372) 대에 간행
　② **상정고금예문** : 고려 인종(1122~1146) 대 간행
　④ **천상열차분야지도 각석** : 조선 태조

13 연산군 대에 2차례에 걸친 사화를 거치며 혼란한 상황에서 집권한 중종은 훈구세력을 견제하고자 사림세력인 조광조를 기용하여 개혁정치를 실시하였다. 조광조는 현량과를 실시하여 사림세력을 중앙 정계에 진출시키고자 하였고, 불교와 도교행사를 폐지하여 유교정치이념을 확립하고자 하였다. 하지만 위훈삭제사건으로 인하여 훈구세력을 반발을 산 조광조는 기묘사화(1519)로 인하여 개혁과제를 완수하지 못하였다.
　② **대전통편**(1785) : 조선 정조 대 편찬
　③ **식목도감** : 고려 성종 대 설치한 귀족 합의 기구로 대내적 격식 관장
　④ **전민변정도감** : 고려 공민왕의 개혁정치를 주도한 기구

14 ( )에 해당하는 인물은?

> ( )는/은 서양의 여러 나라를 돌아보면서 듣고 본 역사, 지리, 산업, 정치, 풍속 등을 기록한 〈서유견문〉을 저술하였다. 국한문 혼용체를 사용하였으며 1895년에 간행되었다.

① 김옥균 ② 박영효
③ 유길준 ④ 윤치호

15 다음 사건을 발생한 순서대로 올바르게 나열한 것은?

> ㉠ 3 · 1 운동 ㉡ 105인 사건
> ㉢ 6 · 10 만세 운동 ㉣ 만보산 사건

① ㉠ → ㉡ → ㉣ → ㉢
② ㉠ → ㉢ → ㉡ → ㉣
③ ㉡ → ㉠ → ㉢ → ㉣
④ ㉡ → ㉣ → ㉠ → ㉢

>>>>>>>> **14.③ 15.③**

ADVICE

14 〈서유견문〉은 유길준이 저술(1895)한 것으로 서구의 근대 모습을 보고 조선의 근대화를 위한 방법이 무엇인지 알리기 위하여 간행되었으며 국한문 혼용체로 서술하였다.

15 ㉡ 105인 사건(1911) : 일제가 데라우치 총독 암살모의 사건을 조작하여 이후 신민회 해산의 계기가 된 사건
㉠ 3 · 1 운동(1919) : 전 민족적 독립운동
㉢ 6 · 10 만세 운동(1926) : 순종 인산일을 기점으로 일제의 식민통치에 저항한 민족 운동
㉣ 만보산 사건(1931) : 만주로 이주한 조선인과 중국인 농민 사이의 충돌로 만주사변의 계기가 된 사건

② 관광자원해설

16 자연관광자원의 특성이 아닌 것은?

① 비이동성   ② 변동성

③ 계절성   ④ 저장가능성

17 관광자원의 분류 중 상업관광자원에 해당하는 것을 모두 고른 것은?

㉠ 민속촌	㉡ 박물관
㉢ 오일장	㉣ 광장시장

① ㉠, ㉡   ② ㉠, ㉢

③ ㉡, ㉢   ④ ㉢, ㉣

〉〉〉〉〉〉〉〉 **16.④　17.④**

ADVICE

16 자연관광자원의 특성
　㉠ 비이동성
　㉡ 계절성
　㉢ 다양성
　㉣ 변동성
　㉤ 소비자의 참여로 생산이 이루어짐
　㉥ 저장이 불가능함
　㉦ 비소모성
　㉧ 공공재적 성격이 강함
　㉨ 생산 및 소비량으로 환산하기 어려움

17 ㉠, ㉡. 박물관, 민속촌은 공통된 생활양식 중 유형적 자원인 문화적 관광자원이다.

18 단오의 세시풍속과 관련이 없는 것은?

① 창포물에 머리감기 ② 쥐불놀이
③ 대추나무 시집보내기 ④ 그네뛰기와 씨름

19 소재지와 동굴의 연결이 옳은 것은?

① 경북 안동 – 성류굴 ② 강원 삼척 – 고씨굴
③ 전북 익산 – 천호동굴 ④ 충북 단양 – 초당굴

20 동굴이나 관광안내소에 인력이 고정배치되어 해설서비스를 제공하는 기법은?

① 이동식 해설 ② 정지식 해설
③ 길잡이식 해설 ④ 매체이용 해설

>>>>>>>>> 18.② 19.③ 20.②

ADVICE

18 ② 쥐불놀이는 한

19 ① 경북 울진 - 성류굴
② 강원 영월 - 고씨굴
④ 강원 삼척 – 초당굴국의 전통민속놀이로 정월 대보름 전날에 논둑이나 밭둑에 불을 지르고 돌아다니며 노는 놀이다.

20 ① 넓은 지역을 돌아다니며 해설 서비스를 제공하거나 박물관에서 이동하며 전시물에 관한 해설을 제공하는 것
③ 해설자의 도움이 없는 상태에서 독자적으로 관람대상을 추적하면서 제시된 안내문에 따라 그 내용을 이해하게 해주는 것
④ 여러 매체들을 이용하여 해설해주는 것

21 유네스코 세계유산으로 등재된 것이 아닌 것은?

① 한국의 갯벌   ② 가야고분군

③ 창녕 우포늪   ④ 하회마을과 양동마을

22 경주 불국사 다보탑에 관한 설명으로 옳지 않은 것은?

① 국보로 지정되어 있다.

② 2단의 기단 위에 세운 3층탑이다.

③ 통일 신라 시대에 조성되었다.

④ 4각, 8각, 원 등으로 탑을 구성하였다.

>>>>>>>> 21.③ 22.②

ADVICE

21 한국의 유네스코 세계유산
- ㉠ 석굴암, 불국사
- ㉡ 해인사 장경판전
- ㉢ 종묘
- ㉣ 창덕궁
- ㉤ 화성
- ㉥ 경주역사유적지구
- ㉦ 고창, 화순, 강화 고인돌 유적
- ㉧ 제주화산섬과 용암동굴
- ㉨ 조선왕릉
- ㉩ 한국의 역사마을 : 하회와 양동
- ㉪ 남한산성
- ㉫ 백제역사유적지구
- ㉬ 산사, 한국의 산지승원
- ㉭ 한국의 서원
- ㉮ 한국의 갯벌
- ㉯ 가야고분군

22 ② 석가탑은 2단의 기단 위에 세운 3층탑이다. 다보탑은 그 층수를 헤아리기가 어렵다.

23 다음 설명에 모두 해당하는 것은?

- 국가무형문화재로 지정되어 있음
- 유네스코 인류무형문화유산에 등재되어 있음
- 49재의 한 형태로 불교 의식임

---

① 영산재   ② 처용무

③ 연등회   ④ 석전대제

〉〉〉〉〉〉〉〉 **23.①**

ADVICE

23 ① 영산재는 49재(사람이 죽은지 49일째 되는 날에 지내는 제사)의 한 형태로, 영혼이 불교를 믿고 의지함으로써 극락왕
생하게 하는 의식이다. 석가가 영취산에서 행한 설법회상인 영산회상을 오늘날에 재현한다는 상징적인 의미를 지니고
있다.

② 궁중 무용의 하나로서 오늘날에는 무대에서 공연하지만, 본디 궁중 연례에서 악귀를 몰아내고 평온을 기원하거나 음
력 섣달그믐날 악귀를 쫓는 의식인 나례에서 복을 구하며 춘 춤이었다.

③ 팔관회와 함께 전국적 규모로 설행된 대표적 국행 불교 행사로, 정월 대보름에 불을 켜고 부터에게 복을 비는 불교
행사이다.

④ 문묘에서 공자를 비롯한 선성선현에게 제사지내는 의식이다. 1986년 11월 1일 대한민국의 국가무형문화재 제85호로
지정되었다.

24 다음 설명에 모두 해당하는 것은?

> • 유네스코 세계기록유산에 등재되어 있음
> • 왕의 입장에서 일기 형태로 기록되어 있음
> • 한 나라의 역사기록물을 넘어 세계사 관점으로도 가치를 인정받음

① 일성록   ② 조선왕조 의궤
③ 동국정운   ④ 조선왕실 어보와 어책

>>>>>>>>> **24.①**

ADVICE

24 ① 1760년부터 1910년까지 국왕의 동정과 국정에 관한 제반 사항을 수록한 정무 일지이다. 필사본 총 2,329책으로 1973년 국보로 지정되었다. 정조 자신이 반성하는 자료로 활용하기 위해 작성하기 시작했다. 1783년(정조 7)부터 국왕의 개인 일기에서 공식적인 국정 일기로 전환되었다. 이 책에는 신하들의 소차, 임금의 윤음, 일반 정사 등의 내용이 들어 있다. 정부 편찬 서적, 죄수 심리, 진휼 등에 대한 내용도 있다. 이 책은 임금이 국정을 파악하는 데 중요한 구실을 하였으며 실록 편찬에도 이용되었다. 2010년 세계기록유산으로 등재되었다.

② 조선 왕실 행사의 준비 및 시행, 사후 처리 과정에 대한 기록이다. 조선 전기 의궤는 임진왜란 때 모두 일실되었고, 현전하는 「조선왕조의궤」는 1601년(선조 34)부터 1942년 사이에 제작되었다. 현재 약 4,000책의 의궤가 전하며, 이 가운데 보물로 지정된 의궤는 1,757건 2,751책이다.

③ 1448년 신숙주·최항·박팽년 등이 간행한 우리나라 최초의 표준음에 관한 운서이다. 우리나라에서 최초로 한자음을 우리의 음으로 표기하였다는 점에서 큰 의미가 있으며, 국어사 연구 및 한자음의 음운체계 연구에 매우 중요한 자료이다. 또한 인쇄사에서 초기 활자 인쇄의 면모를 확인할 수 있는 좋은 자료이다.

④ 당시의 정치, 문화 전반을 이해할 수 있게 해주는 종합적인 기록물로써 2017년 유네스코 세계기록유산으로 등재되었다.

25 다음 설명에 모두 해당하는 것은?

> • 유네스코 세계유산에 등재되어 있음
> • 조선의 궁궐 중 가장 오랜 기간 임금의 거처로 사용되었음
> • 인정전, 선정전, 부용지 등이 있음

① 창경궁
③ 덕수궁

② 경복궁
④ 창덕궁

〉〉〉〉〉〉〉〉 25.④

ADVICE

25 ④ 창덕궁은 조선왕조 제3대 태종 5년(1405) 경복궁의 이궁으로 지어진 궁궐이며 창건시 창덕궁의 정전인 인정전, 편전인 선정전, 침전인 희정당, 대조전 등 중요 전각이 완성되었다. 그 뒤 태종 12년(1412)에는 돈화문이 건립 되었고 세조 9년 (1463)에는 약 6만 2천평이던 후원을 넓혀 15만여 평의 규모로 궁의 경역을 크게 확장하였다. 1610년 광해군때 정궁으로 사용한 후부터 1868년 고종이 경복궁을 중건할 때까지 258년 동안 역대 제왕이 정사를 보살펴 온 법궁이었다.

① 조선 성종(1483년) 때에 건축하였다. 창경궁은 서쪽으로 창덕궁과 붙어 남쪽으로 종묘와 통하는 곳에 자리하고 있다.

② 조선전기에 창건되어 정궁으로 이용된 궁궐이다. 조선왕조의 건립에 따라 창건되어 초기에 정궁으로 사용되었으나 임진왜란 때 전소된 후 오랫동안 폐허로 남아 있다가 조선 말기 고종 때 중건되어 잠시 궁궐로 이용되었다.

③ 조선시대를 통틀어 크게 두 차례 궁궐로 사용되었다. 덕수궁이 처음 궁궐로 사용 된 것은 임진왜란 때 피난 갔다 돌아온 선조가 머물 궁궐이 마땅치 않아 월산대군의 집이었던 이곳을 임시 궁궐(정릉동 행궁)로 삼으면서부터이다. 이후 광해군이 창덕궁으로 옮겨가면서 정릉동 행궁에 새 이름을 붙여 경운궁이라고 불렀다. 경운궁이 다시 궁궐로 사용된 것은 조선 말기 러시아 공사관에 있던 고종이 이곳으로 옮겨 오면서부터이다.

26 관광기본법상 정부의 의무에 관한 설명으로 옳은 것을 모두 고른 것은?

> ㉠ 정부는 매년 관광진흥에 관한 시책과 동향에 대한 보고서를 정기국회가 시작하기 전 30일 이내에 국회에 제출하여야 한다.
> ㉡ 정부는 외국 관광객의 유치를 촉진하기 위하여 해외 홍보를 강화하고 출입국 절차를 개선하며 그 밖에 필요한 시책을 강구하여야 한다.
> ㉢ 정부는 관광자원을 보호하고 개발하는 데에 필요한 시책을 강구하여야 한다.
> ㉣ 정부는 관광사업을 육성하기 위하여 관광사업을 지도·감독하고 그 밖에 필요한 시책을 강구하여야 한다.

① ㉠, ㉡

② ㉠, ㉢, ㉣

③ ㉡, ㉢, ㉣

④ ㉠, ㉡, ㉢, ㉣

27 국제회의산업 육성에 관한 법률상 용어의 정의로 옳지 않은 것은?

① "국제회의"란 상당수의 외국인이 참가하는 회의로서 문화체육관광부령으로 정하는 종류와 규모에 해당하는 것을 말한다.

② "국제회의산업"이란 국제회의의 유치와 개최에 필요한 국제회의시설, 서비스 등과 관련된 산업을 말한다.

③ "국제회의산업 육성기반"이란 국제회의시설, 국제회의 전문인력, 전자국제회의체제, 국제회의 정보 등 국제회의의 유치·개최를 지원하고 촉진하는 시설, 인력, 체제, 정보 등을 말한다.

④ "국제회의 전담조직"이란 국제회의산업의 진흥을 위하여 각종 사업을 수행하는 조직을 말한다.

〉〉〉〉〉〉〉〉 **26.③ 27.①**

ADVICE

26 ㉠ 정부는 매년 관광진흥에 관한 시책과 동향에 대한 보고서를 정기국회가 시작하기 전까지 국회에 제출하여야 한다〈관광기본법 제4조〉.

27 ① "국제회의"란 상당수의 외국인이 참가하는 회의(세미나·토론회·전시회·기업회의 등을 포함한다)로서 대통령령으로 정하는 종류와 규모에 해당하는 것을 말한다.

28 관광진흥개발기금법상 (   )에 들어갈 수 있는 내용으로 옳지 않은 것은?

> 국내 공항을 통하여 출국하는 공항통과 여객으로서 (   )에 해당되어 보세구역을 벗어난 후 출국하는 여객은 1만원의 범위에서 대통령령으로 정하는 금액을 관광진흥개발기금에 납부하지 않아도 된다.

① 항공기 탑승이 불가능하여 어쩔 수 없이 당일이나 그 다음 날 출국하는 경우
② 공항이 폐쇄되거나 기상이 악화되어 항공기의 출발이 지연되는 경우
③ 항공기의 고장 · 납치, 긴급환자 발생 등 부득이한 사유로 항공기가 불시착한 경우
④ 관광을 목적으로 보세구역을 벗어난 후 24시간이 지나 다시 보세구역으로 들어오는 경우

29 관광진흥법령상 관광 편의시설업의 종류에 해당하지 않는 것은?

① 관광유흥음식점업　　　　　　　　② 종합휴양업
③ 관광순환버스업　　　　　　　　　④ 외국인전용 유흥음식점업

>>>>>>>> **28.④　29.②**

ADVICE

28 국내 공항과 항만을 통하여 출국하는 자로서 다음 각 목의 어느 하나에 해당하는 자는 1만원의 범위에서 대통령령으로 정하는 금액을 기금에 납부하여야 한다.
　㉠ 항공기 탑승이 불가능하여 어쩔 수 없이 당일이나 그 다음 날 출국하는 경우
　㉡ 공항이 폐쇄되거나 기상이 악화되어 항공기의 출발이 지연되는 경우
　㉢ 항공기의 고장 · 납치, 긴급환자 발생 등 부득이한 사유로 항공기가 불시착한 경우
　㉣ 관광을 목적으로 보세구역을 벗어난 후 24시간 이내에 다시 보세구역으로 들어오는 경우

29 관광 편의시설의 종류
　㉠ 관광유흥음식점업
　㉡ 관광극장유흥업
　㉢ 외국인전용 유흥음식점업
　㉣ 관광식당업
　㉤ 관광순환버스업
　㉥ 관광사진업
　㉦ 여객자동차터미널시설업
　㉧ 관광펜션업
　㉨ 관광궤도업
　㉩ 관광면세업
　㉪ 관광지원서비스업

30 관광진흥법령상 허가대상인 관광사업은?

① 여행업

② 카지노업

③ 관광숙박업

④ 국제회의기획업

31 관광진흥법령상 일반유원시설업의 허가 요건인 시설과 설비를 3년 이내에 갖출 것을 조건으로 하여 허가를 받은 자가 천재지변으로 그 기간의 연장을 신청한 경우에 연장될 수 있는 최대 기간은?

① 1년

② 2년

③ 2년 6개월

④ 3년

32 관광진흥법령상 한국관광 품질인증을 받을 수 있는 사업은?(단, 문화체육관광부장관이 정하여 고시하는 사업이 아님)

① 종합휴양업

② 자동차야영장업

③ 관광공연장업

④ 관광펜션업

>>>>>>>> **30.② 31.① 32.②**

ADVICE

30 ② 카지노업을 경영하려는 자는 전용영업장 등 문화체육관광부령으로 정하는 시설과 기구를 갖추어 문화체육관광부장관의 허가를 받아야 한다〈관광진흥법 제5조〉.

31 ① 특별자치시장·특별자치도지사·시장·군수·구청장은 테마파크업 허가를 할 때 5년의 범위에서 대통령령으로 정하는 기간에 법에 따른 시설 및 설비를 갖출 것을 조건으로 허가할 수 있다. 다만, 천재지변이나 그 밖의 부득이한 사유가 있다고 인정하는 경우에는 해당 사업자의 신청에 따라 한 차례만 1년을 넘지 아니하는 범위에서 그 기간을 연장할 수 있다.

32 한국관광 품질인증의 대상
ㄱ 야영장업
ㄴ 외국인관광 도시민박업
ㄷ 한옥체험업
ㄹ 관광식당업
ㅁ 관광면세업
ㅂ 「공중위생관리법」에 따른 숙박업
ㅅ 「외국인관광객 등에 대한 부가가치세 및 개별소비세 특례규정」에 따른 외국인관광객면세판매장
ㅇ 그 밖에 관광사업 및 이와 밀접한 관련이 있는 사업으로서 문화체육부장관이 정하여 고시하는 사업

33 관광진흥법령상 업종별 관광협회에 위탁된 권한을 모두 고른 것은?

> ㉠ 관광식당업의 지정 및 지정취소에 관한 권한
> ㉡ 국외여행 인솔자의 등록 및 자격증 발급에 관한 권한
> ㉢ 안전관리자의 안전교육에 관한 권한

① ㉠, ㉡
② ㉠, ㉢
③ ㉡, ㉢
④ ㉠, ㉡, ㉢

34 관광진흥법령상 유기시설로 인하여 사고가 발생한 경우에 유원시설업자가 즉시 사용중지 등 필요한 조치를 취하고 관할 지방자치단체장에게 '유기시설에 의한 중대한 사고의 통보'를 하여야 하는 경우에 해당하지 않는 것은?

① 사망자 1명이 발생한 경우
② 신체기능 일부가 심각하게 손상된 중상자 1명이 발생한 경우
③ 유기기구의 운행이 45분간 중단되어 인명 구조가 이루어진 경우
④ 사고 발생일부터 3일 이내에 실시된 의사의 최초 진단결과 1주의 입원 치료가 필요한 부상자 2명과 3주의 입원 치료가 필요한 부상자 2명이 동시에 발생한 경우

>>>>>>>> 33.③ 34.④

ADVICE

33 ① 지역별 관광협회에 위탁된 권한이다.
  ※ 업종별 관광협회에 위탁된 권한
    ㉠ 국외여행 인솔자의 등록 및 자격증 발급에 관한 권한
    ㉡ 유기시설 또는 유기기구의 안전성검사 및 안전성검사 대상에 해당되지 아니함을 확인하는 검사에 관한 권한
    ㉢ 안전관리자의 안전교육에 관한 권한

34 유기시설 등에 의한 중대한 사고
  ㉠ 사망자가 발생한 경우
  ㉡ 의식불명 또는 신체기능 일부가 심각하게 손상된 중상자가 발생한 경우
  ㉢ 사고 발생일부터 3일 이내에 실시된 의사의 최초 진단결과 2주 이상의 입원 치료가 필요한 부상자가 동시에 3명 이상 발생한 경우
  ㉣ 사고 발생일부터 3일 이내에 실시된 의사의 최초 진단결과 1주 이상의 입원 치료가 필요한 부상자가 동시에 5명 이상 발생한 경우
  ㉤ 유기시설 또는 유기기구의 운행이 30분 이상 중단되어 인명 구조가 이루어진 경우

35 관광진흥법상 여행업자의 행위 중 여행업 등록의 취소사유에 해당하는 경우가 아닌 것은?

① 고의로 여행계약을 위반한 경우

② 여행자의 사전 동의 없이 선택관광 일정을 변경하는 경우

③ 관광표지에 기재되는 내용을 사실과 다르게 광고하는 행위를 한 경우

④ 국외여행 인솔자 등록을 하지 아니한 사람에게 국외여행을 인솔하게 한 경우

〉〉〉〉〉〉〉〉 35.④

ADVICE

35 등록취소

㉠ 등록기준에 적합하지 아니하게 된 경우 또는 변경등록기간 내에 변경등록을 하지 아니하거나 등록한 영업범위를 벗어난 경우

　㉠의2. 문화체육관광부령으로 정하는 시설과 설비를 갖추지 아니하게 되는 경우

㉡ 변경허가를 받지 아니하거나 변경신고를 하지 아니한 경우

　㉡의2. 지정 기준에 적합하지 아니하게 된 경우

㉢ 기한 내에 신고를 하지 아니한 경우

　㉢의2. 법을 위반하여 휴업 또는 폐업을 하고 알리지 아니하거나 미리 신고하지 아니한 경우

㉣ 보험 또는 공제에 가입하지 아니하거나 영업보증금을 예치하지 아니한 경우

　㉣의2. 법을 위반하여 사실과 다르게 관광표지를 붙이거나 관광표지에 기재되는 내용을 사실과 다르게 표시 또는 광고하는 행위를 한 경우

㉤ 법을 위반하여 관광사업의 시설을 타인에게 처분하거나 타인에게 경영하도록 한 경우

㉥ 법에 따른 기획여행의 실시요건 또는 실시방법을 위반하여 기획여행을 실시한 경우

㉦ 법을 위반하여 안전정보 또는 변경된 안전정보를 제공하지 아니하거나, 여행계약서 및 보험 가입 등을 증명할 수 있는 서류를 여행자에게 내주지 아니한 경우 또는 여행자의 사전 동의 없이 여행일정(선택관광 일정을 포함한다)을 변경하는 경우

㉧ 법에 따라 사업계획의 승인을 얻은 자가 정당한 사유 없이 대통령령으로 정하는 기간 내에 착공 또는 준공을 하지 아니하거나 같은 조를 위반하여 변경승인을 얻지 아니하고 사업계획을 임의로 변경한 경우

　㉧의2. 법에 따른 준수사항을 위반한 경우

　㉧의3. 법 단서를 위반하여 등급결정을 신청하지 아니한 경우

㉨ 법을 위반하여 분양 또는 회원모집을 하거나 같은 법에 따른 소유자등·회원의 권익을 보호하기 위한 사항을 준수하지 아니한 경우

　㉨의2. 법에 따른 준수사항을 위반한 경우

㉩ 법에 따른 카지노업의 허가 요건에 적합하지 아니하게 된 경우

㉪ 법을 위반하여 카지노 시설 및 기구에 관한 유지·관리를 소홀히 한 경우

㉫ 법에 따른 준수사항을 위반한 경우

㉬ 법을 위반하여 관광진흥개발기금을 납부하지 아니한 경우

㉭ 법에 따른 물놀이형 유원시설 등의 안전·위생기준을 지키지 아니한 경우

　㉮ 법에 따른 유기시설 또는 유기기구에 대한 안전성검사 및 안전성검사 대상에 해당되지 아니함을 확인하는 검사를 받지 아니하거나 같은 법에 따른 안전관리자를 배치하지 아니한 경우

　㉯ 법에 따른 영업질서 유지를 위한 준수사항을 지키지 아니하거나 같은 법을 위반하여 불법으로 제조한 부분품을 설치하거나 사용한 경우

　　㉯의2. 법 단서를 위반하여 해당 자격이 없는 자를 종사하게 한 경우

　㉰ 법에 따른 보고 또는 서류제출명령을 이행하지 아니하거나 관계 공무원의 검사를 방해한 경우

　㉱ 관광사업의 경영 또는 사업계획을 추진할 때 뇌물을 주고받은 경우

　㉲ 고의로 여행계약을 위반한 경우(여행업자만 해당한다)

④ 관광학개론

36 카지노업의 효과가 아닌 것은?

① 고용창출

② 세수감소

③ 외화획득

④ 호텔수입 증대

37 다음 설명에 해당하는 것은?

• 국가단위로 참가하고 BIE가 공인한 행사
• 5년 마다 6주~6개월간 개최

---

① 세계(등록) 박람회

② 콩그레스

③ 전시회

④ 비엔날레

>>>>>>>> **36.**② **37.**①

ADVICE

36 카지노업의 효과로는 관광객 유치를 통한 관광수입 증대, 고용창출, 세수 증대가 있다.
② 관광진흥개발기금 납부 등으로 세수는 증대된다.
※ 기금 납부〈「관광진흥법」 제30조 제1항〉 … 카지노사업자는 총매출액의 100분의 10의 범위에서 일정 비율에 해당하는 금액을 「관광진흥개발기금법」에 따른 관광진흥개발기금에 내야 한다.

37 제시된 내용은 세계 박람회에 대한 설명이다. 2025년에는 일본 오사카, 2030년에는 사우디아라비아 리야드에서 개최된다. 우리나라는 2030년 부산 세계 박람회 유치에 도전했다가 실패한 바 있다.

38 문화관광축제에 관한 설명으로 옳은 것은?

① 전통문화와 독특한 주제를 배경으로 한 지역축제 중 관광상품성이 큰 축제

② 글로벌육성축제 · 대표축제 · 최우수축제 · 유망축제로 구분

③ 한국관광협회중앙회에서 예산을 지원

④ 지방자치단체에서 문화관광축제 현장평가단을 구성 · 운영

39 관광의 역사에서 대중관광(Mass Tourism)의 시대에 관한 설명으로 옳은 것은?

① 귀족과 부유한 평민이 주로 지적 호기심을 충족시키기 위한 형태로 관광이 발전

② 표준화된 패키지여행을 탈피하여 관광의 다양성과 개성을 추구

③ 주로 귀족과 승려 · 기사 등 특수계층에서 종교 및 신앙심을 향상시키려는 목적으로 여행을 실시

④ 조직적인 대규모 관광사업의 시대로, 중산층 및 서민대중을 포함한 폭넓은 계층에서 이루어지는 관광

>>>>>>>>> 38.① 39.④

ADVICE

38 문화관광축제 … 지역문화에 바탕을 둔 다양한 축제 중 문화체육관광부가 지정한 관광 상품성이 높은 큰 축제를 말한다. 문화체육관광부에서 추진하고 있는 문화관광축제 지원 사업은 「관광진흥법」 제48조의 2(지역축제 등)에 의거하여 지역관광 활성화 및 외국인 관광객 유치 확대를 통한 세계적인 축제 육성을 기본방향으로 하고 있으며, 국내의 전통문화와 독특한 주제를 바탕으로 한 지역축제 중 관광 상품성이 큰 축제를 대상으로 1995년부터 지속적으로 지원 · 육성하고 있다. "지속가능한 축제, 지역에 도움이 되는 축제"를 비전과 목표로 축제 자생력 강화, 축세 산업 생태계 형성, 축제 역량 제고 관점에서 다양한 지원을 하고 있다.

※ **지역축제 등**〈「관광진흥법」 제48조의 2〉

① 문화체육관광부장관은 지역축제의 체계적 육성 및 활성화를 위하여 지역축제에 대한 실태조사와 평가를 할 수 있다.

② 문화체육관광부장관은 지역축제의 통폐합 등을 포함한 그 발전방향에 대하여 지방자치단체의 장에게 의견을 제시하거나 권고할 수 있다.

③ 문화체육관광부장관은 다양한 지역관광자원을 개발 · 육성하기 위하여 우수한 지역축제를 문화관광축제로 지정하고 지원할 수 있다.

④ 제3항에 따른 문화관광축제의 지정 기준 및 지원 방법 등에 필요한 사항은 대통령령으로 정한다.

39 대중관광의 시대는 제2차 세계대전 이후부터 1980년대 말에 이르는 조직적 대규모 관광산업의 시대를 말한다.

① 17-18세기에 유행했던 그랜드 투어(교양관광)에 대한 설명이다.

② Mass Tourism의 폐해에서 벗어나려고 했던 New Tourism에 대한 설명이다. 대중관광은 표준화된 패키지여행을 특징으로 한다.

③ 중세 시대 여행에 대한 설명이다.

40 문화체육관광부와 한국관광공사가 선정 · 발표하는 웰니스 관광지의 테마가 아닌 것은?

① 뷰티 · 스파

② 의료 · 헬스

③ 자연 · 숲치유

④ 힐링 · 명상

41 관광진흥법령상 한국관광협회중앙회의 업무에 관한 내용으로 옳지 않은 것은?

① 관광 통계

② 관광종사원의 선발

③ 관광안내소의 운영

④ 회원의 공제사업

40 존에 뷰티 · 스파, 힐링 · 명상, 자연 · 숲치유, 한방 테마 등 총 4개 부문으로 선정해 온 우수웰니스관광지는 2024년에는 다채로운 웰니스관광지 발굴과 더불어 국내외 방문객에게 더욱 다양한 선택지를 제공하고자 '푸드'와 '스테이' 카테고리를 추가했다.

41 한국관광협회중앙회의 업무〈「관광진흥법」 제43조 제1항〉… 협회는 다음 각 호의 업무를 수행한다.

1. 관광사업의 발전을 위한 업무
2. 관광사업 진흥에 필요한 조사 · 연구 및 홍보
3. 관광 통계
4. 관광종사원의 교육과 사후관리
5. 회원의 공제사업
6. 국가나 지방자치단체로부터 위탁받은 업무
7. 관광안내소의 운영
8. 제1호부터 제7호까지의 규정에 의한 업무에 따르는 수익사업

42 관광상품 수명주기에서 마케팅비용 지출이 증가하여 이익이 정체 또는 감소하기 시작하는 단계는?

① 도입기

② 성장기

③ 성숙기

④ 쇠퇴기

〉〉〉〉〉〉〉〉 42.③

ADVICE

42 관광상품의 수명주기

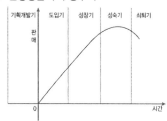

㉠ 기획개발기	• 새로운 상품에 대한 아이디어 창출 • 기업 신설 • 철저한 관광객 욕구와 관광시장 조사분석 • 기업 내 환경조성, 관광상품 개발
㉡ 도입기	• 관광상품의 관광시장 출시 • 관광시장 개척기, 관광시장 개발기 • 관광상품에 대한 인지도, 수요도 낮음 • 관광상품 설명회, 전시회, 경품 등의 다양한 이벤트 개최 등 적극적인 판매 촉진 필요 • 마케팅 비용 대비 매출 저조 • 수요의 가격탄력성 낮음, 채산성 저조 • 지속적 투자
㉢ 성장기	• 인지도 증가, 구매수요 증가 • 매출의 급격한 증가 • 다양하고 차별화된 마케팅 전략 필요 • 매출액 증가로 인한 이익 발생 • 경쟁사에 의한 모방상품이나 대체상품의 등장 • 경쟁의 심화에 대한 대비책 필요
㉣ 성숙기	• 판매수요 증가의 둔화, 완만한 자연증가율 • 포화기로 매출의 안정세 • 새로운 수요의 창출보다는 기존 수요의 이용률 및 구매빈도를 높이는 전략 • 기존상품의 품질개량과 신용도 개척 • 지출 비용에 대한 통제로 비용 절감 • 경쟁의 심화
㉤ 쇠퇴기	• 판매수요 감소로 인한 매출의 감소 • 새로운 용도 개발, 광고비용의 적정성, 새로운 관광시장의 존재, 약점의 장점화, 부산물의 활용법, 새로운 판매경로의 개척이나 변경 등의 방안 강구 • 관광객의 욕구 변화, 국내외 시장환경의 변화, 시장의 치열한 경쟁 관계 등으로 판매전략이 배제되는 단계 • 단순화, 폐기, 신상품 개발 등 고려

43 관광경찰의 역할로 옳지 않은 것은?

① 관광객 밀집지역 범죄예방 순찰

② 상습적·조직적인 관광 관련 불법행위 단속

③ 관광지 내 기초질서 위반행위 단속

④ 관광객 대상 여행상담 및 예약

44 다음에서 설명하는 호텔로 옳은 것은?

> • Business Hotel이라고도 하며, 주로 도심의 교통중심지에 위치
> • 국제회의나 업무상 여행 및 출장을 목적으로 여행하는 사람들을 위한 호텔

① Residential Hotel

② Suburban Hotel

③ Commercial Hotel

④ Apartment Hotel

>>>>>>>> **43.**④ **44.**③

ADVICE

43 ④ 여행사의 역할이다.
  ※ 관광경찰의 역할
    ㉠ 관광객 밀집지역 범죄예방 순찰
    ㉡ 상습적·조직적인 관광 관련 불법행위 단속
    ㉢ 관광지 내 기초질서 위반행위 단속
    ㉣ 외국인 관광객 대상 지리 안내, 불편사항 해소 등 치안 서비스 제공

44 제시된 내용은 Commercial Hotel에 대한 설명이다.
  ① Residential Hotel : 일주일 이상 체류객을 대상으로 하는 호텔
  ③ Suburban Hotel : 도시에서 떨어져 있는 호텔
  ④ Apartment Hotel : 중장기 체류자에게 객실을 빌려주는 호텔

45 관광시장세분화 기준변수 중 지리적 변수가 아닌 것은?

① 지역   ② 기후

③ 도시규모   ④ 사회계층

46 관광의 체계에서 관광객체에 해당하는 것은?

① 관광자원   ② 관광정보

③ 관광객   ④ 항공사

47 다음 설명에 해당하는 것은?

> 호텔, 컨벤션센터 등 MICE 전문시설은 아니지만, 해당 지역에서만 느낄 수 있는 독특한 매력을 가진 행사 개최 장소 및 시설

① 유니크 베뉴   ② 컨벤션 시티

③ 스마트 관광도시   ④ 메세(messe)

〉〉〉〉〉〉〉〉 **45.④ 46.① 47.①**

ADVICE

45 관광시장세분화의 기준변수 중 지리적 변수에는 지역, 기후, 도시 규모, 교통 등이 있다.
    ④ 사회계층은 인구통계학적 변수에 해당한다.

46 관광의 체계
    ㉠ **관광주체** : 관광객
    ㉡ **관광객체** : 관광자원
    ㉢ **관광매체** : 관광주체와 관광객체를 연결하는 대상
      • 시간적 매체 : 숙박시설 등
      • 공간적 매체 : 교통수단, 도로 · 항만 · 공항 등
      • 기능적 매체 : 여행업, 교통업(철도사, 항공사 등), 공공기관

47 유니크 베뉴는 MICE 행사 개최도시의 고유한 컨셉이나 그곳에만 느낄 수 있는 독특한 매력을 느낄 수 있는 장소라는 뜻으로 통용되며, MICE 전문시설(컨벤션 센터, 호텔)은 아니지만 MICE 행사를 개최하는 장소를 통칭한다.
    ② 회의나 세미나 등 각종 컨벤션을 통해 지역 활성화를 추구하는 도시
    ③ 도시 곳곳에서 데이터 수집 · 분석 등 스마트 도시의 기능을 관광객이 함께 누릴 수 있는 도시
    ④ 독일 헤센주 프랑크푸르트암마인에 있는 박람회장. 독일의 주요 도시에 있는 거대 박람회장을 통칭하기도 한다.

48 관광진흥법령상 국내외를 여행하는 내국인만을 대상으로 하는 여행업은?

① 종합여행업

② 일반여행업

③ 국외여행업

④ 국내외여행업

49 국제기구의 약자가 올바르게 짝지어진 것을 모두 고른 것은?

> ㉠ 아시아 · 태평양관광협회 – PATA
> ㉡ 호주여행업협회 – ASTA
> ㉢ 국제민간항공기구 – ICAO
> ㉣ 세계관광협회 – UIA

① ㉠, ㉡

② ㉠, ㉢

③ ㉡, ㉢

④ ㉢, ㉣

>>>>>>>> **48.④ 49.②**

ADVICE

48 여행업의 종류〈「관광진흥법 시행령」 제2조(관광사업의 종류) 제1호〉

가. **종합여행업** : 국내외를 여행하는 내국인 및 외국인을 대상으로 하는 여행업[사증(查證)을 받는 절차를 대행하는 행위를 포함한다]

나. **국내외여행업** : 국내외를 여행하는 내국인을 대상으로 하는 여행업(사증을 받는 절차를 대행하는 행위를 포함한다)

다. **국내여행업** : 국내를 여행하는 내국인을 대상으로 하는 여행업

49 ㉡ 호주여행업협회 – AFTA(Australian Federation of Travel Agents)
미국여행업협회 – ASTA(American Society of Travel Agents)

㉣ 세계여행관광협회 – WTTC(World Travel & Tourism Council)
국제회의연합 – UIA(Union of International Association)

50 다음에서 설명하는 관광은?

> • 관광객의 개성을 살리고 체험과 활동을 지향하는 관광
> • 특정 주제와 관심분야 위주로 하는 관광

① Social Tourism

② Barrier-free Tourism

③ Special Interest Tourism

④ City Tour

>>>>>>>>> 50.③

ADVICE

50 제시된 내용은 특수목적관광인 Special Interest Tourism에 대한 설명이다.
　　① 국가 및 지방자치단체가 여행을 지원하는 서비스 활동
　　② 장애인, 고령자 등 여행에 있어 제약이 있는 사람들을 위한 장벽이 없는 관광
　　④ 도시관광